JN161121

信仰生活の手引き

祈り

左近　豊　著

日本キリスト教団出版局

「信仰生活の手引き」刊行にあたって

このたび、日本キリスト教団出版局より、シリーズ「信仰生活の手引き」が発刊されることとなりました。

三十年程前に「教会生活の手引き」との題のもと小冊子が刊行され、多くの信徒の方々の有益な指針として用いられてまいりました。今回のシリーズは、その先例にならいつつ、その後の状況の変化を踏まえた上で、二十一世紀の日本社会に生きるキリスト者を支え導くことを願って企画されました。洗礼を受けて信仰の歩みに入ったばかりの方のみならず、もう一度、自らの信仰の足取りを確かなものとしたいと願う方々にも、手にとっていただけたらと思います。

この企画が始まって間もなく、大きな地震が東日本の地を襲いました。これは日本に生きる一人びとりにとって、自らを問いなおされる経験となりました。それだけに、このシリーズの各書が、「3・11」後に生きるすべてのキリスト者の心に届き、導きとなり、慰めと励ましを与えるものであれと祈っています。

このシリーズにおいて扱われるのは、「教会」「礼拝」「聖書」「祈り」「伝道」といった信仰生活の中枢を構成する主題です。いずれも、ふさわしい執筆者が与えられました。その主題を日頃からご自身の専門領域としている執筆者に依頼したものもありますが、あえてそうともいえない主題を扱っていただいた執筆者もいます。そのことによって、その事柄に新たな光が豊かに当てられることを願ってのことです。企画時に抱いたその願いは、十分以上に応えられるものと確信しています。

信仰生活は、しばしば天の故郷をめざして歩む旅路にたとえられます。神の国のヴィジョンに促されつつ、信仰と愛と希望において信仰者は旅人としてその旅路をたどります。この世にあって主を証ししながら歩むその旅路は、常に、見通しのよいなだらかなものではありません。それゆえ、しばしば、行く先を見失い、道を踏み外し、あるいは道半ばでうずくまってしまうのが、信仰の旅人としての私たちの現実の姿です。けれども、そのような私たちを、繰り返し、ご自身との命の絆の中へと結い直し、歩み出す力を与え、行くべき道を示し直してくださる方が私たちの神なのです。

私たちが招き入れられた「教会」の交わり、主日ごとにささげることをゆるされる「礼拝」、独りでいる時にあるいは信仰共同体の交わりにおいて読まれる「聖書」、主イエスの名において祈ることのゆるされる「祈り」、そして、私たちに委ねられた「伝道」の業。それらはすべて、信仰の旅路を私たちが最後まで歩み抜くために主が与えてくださった恵みの賜物です。このシリーズにおける各巻において、それら恵みとして与えられた事柄の豊かさについて丁寧に説き明かされてゆくはずです。

シリーズ「信仰生活の手引き」の各巻が、すべての信仰者の歩みの上での良きパートナーとなることを心から祈り願いつつ。

二〇一二年三月

シリーズ監修者　下田尾治郎（しもたお　じろう・敬和学園大学准教授）
平野　克己（ひらの　かつき・代田教会牧師）

信仰生活の手引き　**祈り**　目次

装画　船越哲也
装丁　岩崎邦好デザイン事務所

はじめに

3・11以後の世界と祈り

二〇一一年三月十一日、そしてその後の祈りの生活。祈る思いと祈りの言葉の間に深い裂け目を覚えて、喉につかえた言葉を引き出せないまま空回りする思いを抱えて、祈りに煩悶する中を歩んでいる方も多いのではないでしょうか。何を祈るのか、どう祈るのか……と。毎年被災地を訪ねます。崩壊した街、放射能が降る夜、故郷を追われて異郷の仮住まいが終の棲家とされるかに思われる中で、あの日に引き裂かれた愛の記憶に引き戻される今を抱えて、二度と帰らぬ二〇一一年三月十日までの日々と団らんの夢から目覚める朝毎に深い喪失を思い起こさせられる。行き交い積みあがる復興・再建の掛け声に合わせて明日へと馳せる思いと、あたかも本のページをめくるかのように進みゆく日々に戸惑いと躊躇いを覚える。振り返りつつ前を向くことで生ずる自らの内外の裂け目を抱えて、仮設の住まいの扉の後ろで堅く閉ざされた沈黙が無言の叫びとなるのさえ押し殺し、押しとどめえない忘却と風化の圧倒的な流れに押し流され翻弄される無力感に押しつぶされる。そのような一つ一つの出会いの中で、我が内に祈りが見出せないことに打ちのめされます。3・11以後の世界で生きる私たちにとっての祈り。

本書は今を生きる信仰者の祈りに照準を絞っています。三〇年後、四〇年後には、きっとその時に新たに与えられる祈りの生活があることでしょう。三〇年前に小野一郎先生が書かれた『教会生活の手引き　祈りの生活』（日本キリスト教団出版局、一九七九）は色あせぬ祈りの洞察に満ち満ちています。加藤常昭先生の祈りに関する多くの書物には、キリスト教の祈りの世界の深みと広がりが立ち現れてくるのを覚えます。カルヴァンやロヨラ、バークレーやフォーサイスの祈りの手引きも翻訳されて普遍的な価値をもって祈りの居ずまいを整えます。雲のような祈りの先達に囲まれている今日の信仰者にとって、改めてこれらの祈りの手引きに導かれる幸いを覚えるとともに、今の時代に神様が与えてくださった私たちの生が、キリストの救いの輝きを入れる土の器とされ、主の凱旋に連なるキリストの香りとされ、地の塩、世の光とされるべく召されていることに思いを致すのです。このような今日だからこそ、耳を傾け、祈り潰える現代の危機の傍らにあって教会が祈る言葉を聖霊によって導かれながら、聖書に問い、問われて紡ぎ出される祈りに生きることへと招かれていることを十全に受け止めたいと願うのです。本書は、3・11以後の世界の中で聖書に問い、聖書から問われる私たちの祈りの生活を求めて編んでまいります。

主にまみえる祈り

そもそも祈りは苦手。言葉にしようとすればするほど、乾ききった布を絞るように力んで冷や汗ばかりがにじみ出す。焦って上あごに舌がはりつくかのように口は干上がる。思いもしなかった言葉が口をついて出てきやしないか、つじつまが合わなくて支離滅裂になってしまいはしないかと目まぐるしく空回りする頭の中が、いつしか真っ白になってしまう。肝を冷やしながら。こんこんとわき出るはずの祈りの泉など、自分には涸れてしまってもうないのか、はたまた浅すぎるのか、……。見出しえぬ地中の宝を探しあぐねて闇に呆然と立ち尽くし、黙り込む。そんな思いを繰り返すうちに、「祈り」と聞くだけでアレルギー反応を引き起こし「私には無理です」と身をこわばらせて下を向いて拒んでいる。祈らないことは罪だと、どこかで読んだ。ああ、これではいけない、と片っ端から祈りに関する書物も読み、祈りをテーマとする修養会や研修会に積極的に参加もする。祈祷会や礼拝で、牧師や長老・役員、信仰の友の祈りに心を合わせ、わが祈りとしてアーメンと唱える。けれども振り払っても振り払っても頭をもたげ、抑えようともにじみ出てくるのは、なぜ自分には、あのような祈りができないのか、との思い。それでも祈る機会が訪れる。時に突然。すると紡ぎ出されるはずの祈りの糸口を見出せないままに、つい当り障りなく借り物の祈りに終始しては、一層自らの貧しさに深く沈み込む。

本書を紐解かれた方にお伝えしたいこと。それは、そもそも祈りは借り物でよい！　ということ。祈りは考え出すより真似るものです。祈りは思いあぐねるより学ぶものです。そのことを後ろめたく思う必要などない。自分の力で「神に祈ろうとしても目がくらんで何も見えなくなる」体験は宗教改革者カルヴァンだって経験したというのです（カルヴァン『祈りについて――神との対話』I・J・ヘッセリンク編・解説、秋山徹・渡辺信夫訳、新教出版社、二〇〇九）。むしろ凍てついた魂を抱えている者たちが、互いに心、内に燃える経験を味わうのは、自らの努力でも能力でも経験でもなく、ただ聖霊によってまみえる主との出会いに熱情のともしびが点されるからなのです。

自らの力では祈れないことを、私の内に祈りがないことを、むしろよしとしてくださったのは、誰よりも「主の祈り」を一言一言噛んで含めるように教えてくださった主イエスです。祈りたいけれど祈れない、祈りそのものがわからない、だから「祈ることを教えてください」と弟子たちと同じように私たちも願う時、それにお応えくださる、「祈る時には、こう言いなさい」と。親鳥がヒナに対するように、主イエスから、ご自身が噛み砕いた一つ一つの珠玉の言葉をいただくのです。神の子の言葉を借りて祈る者とされる。あたかも私たちは主イエスの口元に目を注ぎながら、発せられる祈りに耳を傾けながら、命の奥底に響く魂の糧をむさぼり味わう幼子のようにされる。神の国は、そのような者たちのもの、と励ましてくださる主に導かれながら。親しみと信頼をもって「キリストの口によって祈る」（カルヴァン）者とされてゆく。幼児が言葉のシャワーを浴びながら、いつしか片言を発し始めるように、私たちにとっても教会で、家庭で、職場で、喜びの日も、悲しみの夜も、信仰の先達たちの、歴史に刻まれた信仰者たちの、そして何よりも聖書から溢れ出る祈りの言葉に囲まれ、浴するうちに、すべての祈りがそうであったように、祈りの先にいます方への思いが、喜びとなり、訴えとなり、感謝となり、嘆きとなり、時には怒りとなり、問いとなって湧き上がってくるのでしょう。

私たちは祈る時、もう己の霊的繊細さを研ぎ澄ませて、深き瞑想の内に言葉を探し求めなくてよいのです。むしろ解き放たれて翼を駆って大空に飛翔する鳥のように、祈りの向かう先におられる主に心を高くあげることへと開かれています。それこそが聖書的な祈りの本来のあり方です。祈り、それは神様と出会うこと、キリストとまみえることです、聖霊の助けをいただきながら。どんなにつたなくとも、支離滅裂になろうとも、場合によっては言葉さえ潰えていても、イエス・キリストとの出会いを求めて口火切られた祈りならば、それは聖書の信仰に相応しい祈りなのです。本書では、千々乱れて論理の破たんした哀歌詩人の祈りも、濃く垂れこめた闇に閉ざされて呻くような詩人の祈りも、恥も外聞もかなぐり捨てて胸倉つかんで揺さぶるような、魂の葛藤と格闘にのたうつヨブの祈りも、待ち受けている悲劇を沈黙の内に抱えながらの一挙手一投足に刻まれたアブラハムの祈りも、汗を血のように滴らせて悲しみの人となられた主イエスの祈りも取り上げてまいります。私たちの思いを超えて、思いもしなかった仕方で、思いもよらないところで出会ってくださる神を、信仰の先達たちの祈りに導かれて仰ぎ見てまいります。

聖書に根差した祈りは、何世代にもわたって、幾多の信仰者たちが、喜びの中で、悲しみの中で、歓喜の中で、悲嘆の淵で、復活の朝日を仰ぎながら、死の絶望に打ちのめされながら、目覚めの暁に、涙漂い眠れぬ夜に、神様との出会いに打ち震えながらささげてきたものです。特に詩編は、歴史の大海原の中で逆巻く怒濤に晒され、滅びの淵に打ち捨てられる時に、静けき波の寄せ引く岸辺の陽だまりに安らう時に、深き闇夜の覆う深淵を行く手定かならずにさまよう時に、遥かに天を指す山辺に向かって目を挙げる時に、紡ぎ出され、信仰の先達の口を通し手を通して磨き上げられた祈りの宝庫です。私たちにとっての祈りの主であるイエス・キリストもこの詩編の祈りに育まれ、荒れ野で私たちに代わって悪と対峙された時にも、またおそらくゲツセマネの園で、独り罪と死の力と戦われた時にも、そして十字架の上でその身体も心も魂も引き裂かれた時にも、詩編をもって祈られました。私たちは、主イエスの口を通して祈られたものとして詩編を「祈りの学び舎」とすることができるのです。本書では、この学び舎に沈潜しながら今日に紡ぎ出される祈りを紐解いてまいります。

本書の第一部では「旧約聖書に学ぶ祈りの世界」を探求いたします。聖書の世界を歩んできた信仰の先達者たちが馴染み、身に着け、ささげてきた祈りの息吹に触れることができればと願っています。そして神の息に生かされ、御言葉を糧とし、病める時も、健やかな時も、喜びも悲しみも、感謝も悲嘆も、紡ぎ出してきた聖書ならではの祈りを通して、内なる人が日々新たにされ、世にあって「地の塩」「世の光」「キリストの香り」とされている信仰者の持ち味を確認してゆきます。暴虐と悲惨渦巻く現代世界の中で聖書に根差して祈られた例なども紹介いたします。

第二部では「主の祈りに学ぶ祈りの世界」を探ってまいります。一つ一つの祈りの言葉を教えられたイエス・キリストの息遣いや語り口を通して、主イエスの祈りが、私たちの間に宿り、十字架に死んで罪を贖い、陰府に下って死を死に切られ、復活の朝日の中に立たれて、絶望に終止符を打って希望となられたキリストの再臨の時まで、私たちを導く祈りとされていることを味わってまいりましょう。

第 1 部

旧約聖書に学ぶ祈りの世界

第一章　聖書の祈りの背後に広がる世界

はじめに

あまりに深淵かつ広大な地平を持つ聖書の祈り。大きく三つの切り口で探ってまいりましょう。一つ目は聖書の祈りの背後に広がる世界、二つ目は聖書の中にある祈りの世界、そして三つ目は聖書が今に至るまで生み出してきた、聖書の前方に広がる祈りの世界。これらの三つの局面から聖書に根差す祈りを味わってまいります。

まず最初に、「聖書の祈りの背後に広がる世界」にスポットライトを当ててみたいと思います。聖書の祈りのルーツを探る旅と言えるかもしれません。この旅のガイドブックとしては、プリンストン神学大学院名誉教授のパトリック・ミラー（『現代聖書注解』シリーズ旧約編集責任者、同シリーズ『申命記』の著者）が書いた聖書の「祈り」に関する研究『彼らは主に叫び求めた――聖書的祈りの様式と神学』（Patrick D. Miller, *They Cried to the Lord: The Form and Theology of Biblical Prayer*. Fortress Press, 2000）があります。古代オリエント世界の祈りから説き起こして旧約聖書、そして新約聖書に至るまでの「祈り」を綿密かつ大胆に縦横無尽に取り扱って右に出る書は存在しないと言っても過言ではない、聖書の祈りについて探求しようとする者にとっては必読の書です。ただ、あまりの大著ですので、ここではかいつまんでご紹介しながら、聖書の祈りのもつ懐の深さと数千年にわたる時の流れの中で編み上げられ、遥かなる地平の広がりの中で練り上げられてきた側面を共に味わってみたいと思います。

1　聖書の祈りのルーツを探る

聖書の祈りは、聖書独自の信仰と言葉遣いで祈られていることは確かなことです。ただ、ある時に隕石が落ちてくるかのようにして突然のひらめきの中で偶発的に発火したようなものではなく、むしろ、長い歴史の中で多くの文化に接しながら磨き上げられたいぶし銀のようなものと言えるでしょう。刻一刻と変わりゆく時代の荒波にもまれ、荒れ狂う波間の木の葉のように翻弄される聖書の民の歴史。その中で、滅びと死に直面し、霊的格闘と葛藤を経て叫び、嘆き、訴え、光を喘ぎ求めて闇の中を歩んできた民が、神の憐れみと恵みに見出され、救い出された驚きと喜びを紡ぎ出してきました。まるで幼児が一言一言語りかけられる言葉に愛を感じながら、その応答の言葉が自分の魂の底で熟成するのを待つように、祈りの言葉が時間をかけて少しずつ練り上げられ、にじみ出し、溢れ出てきたのです。いうなれば、聖書の祈りというのは、豊かな水源、水脈をもつ川の流れのように、時に岸辺を食みながら、また時に濁流となって岩を砕きながら、あるいは広範に根を張ってそびえたつ大樹のように、隣り合う周囲の人たちの祈りを引きながら、あるいは切り結びながら、最もふさわしい言葉へと磨きをかけ、時に換骨奪胎しながら、ユニークで聖書らしい祈りを整えてきたものと言えます。聖書の祈りは、豊かで多様な起源と軌跡をもっているのです。

聖書における信仰の祖とされるアブラハムは、実に、メソポタミア地方出身でありました（「カルデアのウル」創世記11・31）。主の言葉に従って行き先も知らずに旅立った、という聖書的信仰の模範であるアブラハムは、故郷を後にする際、スッパリ断ち切って振り返ることのなかった過去（＝非連続性）と共に、新しい歩みの中に携えていった財（たから）もあったのです（「蓄えた財産をすべて携え……出発した」創世記12・5。連続性）。物質的な財産だけでなく、生活習慣や知恵、さらにその中に祈りの生活もあったことでしょう。バビロニアやアッシリアの人々の祈りの伝統がアブラハムの内に育んだ霊的生活があった。さらにはその生涯の旅先で交わりを得たエジプトやカナン地方、またフェニキアの地における霊的生活との接点もあったでありましょう。聖書的信仰は、古代オリエント世界の隣人たちと一線を画する独自性を有しつつも、他方で受け継いだ祈りの広がりと深みの普遍性を共有する部分もあるのです。

「祈り」の語源

聖書らしい祈りの独自性については次章にゆだねて、ここでは聖書の祈りの普遍的な側面をさらに探ってまいります。「祈りの普遍性」ということで、少し脇道にそれますが、ある宗教学者が聖書も含めて宗教一般における「祈り」について書いた書の中で、人間というのはそもそも祈る存在、「ホモ・レリギオースス」だと述べていました。人間をして人間たらしめているもの、それは叡智的理性（サピエンス）、遊戯（ルーデンス）、工作（ファーベル）……など様々あるけれど、本質的に人間は宗教的な存在であり、人間はだれでも絶対的なもの（究極的なもの）を志向せざるを得ない、祈ることは人間の自然本性なのだ、と（棚次正和『祈りの人間学』世界思想社、二〇〇九）。宗教心を持つ特殊な人や人並みはずれて繊細な魂を持っている人だけが祈るのではなくて、人間は誰しも普遍的に祈る存在なのだ、と。そして「いのり」の語源は「い（生）」＋「の（宣）り」、すなわち生命がその本源から湧き出で、流れ出る、生命の宣言であり、「いのり」は「いきいきと生きる」ことだというのです（52頁）。「〔いきることの具体である〕息をすることが自覚的に深められて、生命の根源〔聖なる言葉〕との結びつきにおいて息をするとき、それは単なる『息』を超えて『祈り』になる」、とも述べています（70頁。〔 〕は引用者による）。

この考察を更に深めてまいりますと、数多くの教会的な祈りについての著作を残されている加藤常昭先生が、ロシア正教の霊的指導者アレクサンデルの言葉を紹介する中で、人間とは「ホモ・リトゥルギクス」（礼拝する人）である、つまり人間を最も人間らしくするのは「礼拝」であると言われていることに至るでしょう。人間本性の本源に、礼拝に根差した「祈り」があり、祈りは、なにか特別なことではなく、自然なことであり、無意識に本能的になしている呼吸と通ずる、と（『黙想と祈りの手引き』キリスト新聞社、二〇〇六、47～59頁）。

「祈り」の姿勢

このように聖書に根差す祈りは、神の息を吹き入れられて生きるものとなった人間の魂の呼吸になぞらえられます。八木重吉は、肺にいっぱいに空気を吸い込んで思いっきり泣き叫ぶ新生児の姿を、神への祈りの姿勢に重ね合わせて詩にしています。祈りの姿を端的に言い表していると思います。

さて
あかんぼは
なぜに　あん　あん　あん　あん　なくんだろうか

ほんとに
うるせいよ
あん　あん　あん　あん
あん　あん　あん　あん

うるさか　ないよ
うるさか　ないよ

よんでるんだよ
かみさまをよんでるんだよ
みんなもよびな
あんなに　しつっこくよびな

二〇一一年三月十一日の東日本大震災に際して、祈りについて書かれている山浦玄嗣（はるつぐ）氏も、詩編22編の祈りを取り上げながら言います。「親が自分を見捨てることはあり得ないと知っている。だからこうして思いっきりだだをこねる。もしこれで親が自分を捨てて二度と戻らないと知っていたら、どんな子供でも恐ろしくてだだなどこねてはいられまい」「ありったけの悪態を吐（つ）いて……父親の胸に抱かれて泣きじゃくる子供のように素直になって、彼は言う。『おれだって知っているんだ。神さまは、助けてくださいとおすがりする者をお見捨てなさったためしがないんだ！』と」（『海が呑む』晶文社、二〇一一、208～209頁）。

実は旧約聖書や近隣の文化における「祈り」も、目を閉じて静かに……というよりも大声で「叫び」、「訴え」、「声を上げて呼びかける」、といった含みをもって使われています。かなりダイナミックな動きを伴うものと考えてよいでしょう。

祈りの姿勢は胸の前に手を組んで頭を垂れて……というより、乳幼児が全身真っ赤にして必要を訴える相手にむかって、両手を高く上げ、天に向かって必死になって伸ばすようにしてなされるものでありました。例えば、ハツォル（ガリラヤ湖の北に位置し、街道の交差する要衝で、旧約聖書にもしばしば言及される町）にあった神殿跡から発掘された紀元前十四～十三世紀ごろの石柱（右掲図）にも、腕から先だけですが手の平を上方に向けてなされている祈りの姿が克明に刻まれています。

　古代オリエント世界、そして聖書の世界の祈りの姿勢は、天を仰いで手を伸ばし、大声で叫んで訴えるもの。祈りといえば内に深く思いを沈め、心鎮めて瞑想や黙想の中で心頭滅却し、雑念払って、清く聖なる思いに近づく、といった方が、なんとなく馴染みがあり、また奥まった密室に逃れて隠れたところにおられる神に祈ることへと招かれる主イエスの教えを聞いてい

る者にとっては、大声で天に叫ぶような祈りには違和感を禁じえないかもしれません。けれども私たちの文化に根差したやり方に加えて、聖書の祈り方によって開かれる神様との新しい出会いが、雲間を裂く光のように私たちの祈りの生活に差し込んでくることもあるでしょう。

あえて思い起こしたいのは、イエス・キリストご自身、確かに人込みを避けてお一人退かれてひざまずいて祈られたのですが、主イエスの祈りの姿勢はそれだけではなかった、という事実です。例えば、五〇〇〇人に五つのパンと二匹の魚を分けられた時に、「天を仰いで、それらのために賛美の祈りを唱え、裂いて弟子たちに渡しては群衆に配らせた」（ルカ9・16）とありますように、上を向いて、心を高く上げて、おそらく両手を広げて祈ることもおありだった。また苦しみのあまり、汗を血のように滴らせ、苦悶にのたうつようにして祈られたこともおありでした（ルカ22・44）。

古代オリエント、旧約聖書に特徴的なダイナミックな祈りの姿と、スタティックで瞑想的な私たちになじみ深い祈りの両方がイエス・キリストにおいて結び合わされているのです。激しさとたおやかさをもって祈られる主イエスの祈りの姿に導かれ、慰められ、励まされながら、新たに芽吹き、豊かにされゆく祈りの世界を垣間見てまいりましょう。

「祈り」の言葉

祈りの姿勢、祈りの形は祈りの中身、言葉にも及びます。聖書の祈りの背後に広がる世界に触れることは、その世界の語り口、言葉遣いと出会うことでもあります。そのような世界で培われてきた「詩編」の祈りが、最初は馴染みなくて、すっと魂に入ってこないという思いも生ずるかもしれません。けれどもそれは母の胎から生まれ出た赤子が、息を始めるのと同時に、これまで見たことのなかった世界へと産み落とされるようなもの。親の語りかけを聴きながら、少しずつ言葉を身につけ、コミュニケーションを育んでゆくように、豊かで広大な古代オリエント世界の霊的生活を背景に持つ聖書の祈りもカルチャーショックを通して、新たな祈りの世界へと私たちを導くのです。

そのような祈りの旅を励ます言葉をご紹介いたします。D・ボンヘッファーという牧師が、ナチス独裁政権下の一九四〇年、詩編について「聖書の祈祷書」という短い文章を書いています。ここで彼は詩編を「祈りの学校」として捉えています[*]（『ボンヘッファー選集9　聖書研究』生原優ほか訳、新教出版社、一九六五）。

子が話すことを学ぶのは、父が彼に話すからだ。彼は父親の言葉を学ぶ。そのようにわれわれが神に語るのを学ぶのは、神がわれわれに語られたから、また語りかけているからである。天の父の言葉について、その子は父と語ることを学ぶ。神ご自身の言葉の口真似をして、われわれは神に祈ることを始める。われわれは心の誤った、混乱した言葉によってではなく、神がイエス・キリストにおいてわれわれに語った、明確で澄んだ言葉によって、われわれは神に語りかけねばならない。(198～199頁)

何を祈ろうとしているかが重要ではなく、何について神がわれわれによって祈られようとしているかが重要である。……われわれの祈りを決定するものは、われわれの心の貧しさではなく、神の言葉の豊かさでなければならない。(200頁)

聖書の祈りを祈る者は、誰もが最初から流暢なのではなく、子どもが言葉を習得する際、親の語り口から学ぶようにして、神の語り口で、神にねんごろに語りかける言葉を身につけてゆくのであり、旧約聖書の詩編の祈りを通して聖書に根差した祈りの言葉遣い、語り口、論理、思考回路、文法、文化、価値観を身につける道が備えられていると言うのです。

（＊）二〇一一年六月二十二日、ローマ教皇ベネディクト十六世も、聖ペトロ広場に集まった聴衆に向けて「詩編は祈りの式文集」と語っています。

「それは、詩編が彼らの祈り、わたしたちの祈りとなり、神に向かい、神とかかわるための方法となるためです。詩編の中では、人間の経験のあらゆる側面、人生に伴うあらゆる種類の感情が表現されます。喜びと悲しみ、神への望みと自分がふさわしくないという自覚、幸福と見捨てられた感覚、神への信頼と悲惨な孤独、生の充溢と死への恐れが、より合わされて表されます。信じる者の現実全体が詩編の祈りに流れ込みます。……このような祈りとしての詩編は、魂と信仰の表現です。詩編の中で、すべての人は自らを見いだすことができます。またそこではすべての人が招かれている神との特別な親しいかかわりが示されます。そして、人間存在の複雑さが、さまざまな詩編の異なる複雑な文学形式のうちに余すところなく凝縮されています」と述べます。

その上で聴衆に向けて「詩編は祈りのテキストとして信じる者に与えられます。この祈りのテキストの唯一の目的は、それが、このテキストを受け入れ、このテキストによって神に向かう人の祈りとなることです。詩編は神のことばなので、詩編を祈る人は神が与えてくださったことばそのものによって神に語りかけます。神ご自身が与えてくださったことばをもって神に向かいます。こうしてわたしたちは、詩編を祈ることによって祈ることを学びます。詩編は祈りの学びやなのです」と述べて詩編を祈りに用いることを勧めるのです。

そして子どもにたとえてこう述べます。「これはある意味で、幼児が話し始めるときと似ています。幼児はことばによって自分の感覚、感情、必要を表現することを学びます。このことばは、幼児に生まれつき備わるのではなく、両親や自分の周りで暮らす人々から習得したものです。幼児が表そうと望むのは自分の体験したことですが、表現手段は他人に由来します。そして幼児は少しずつことばを自分のものとします。両親から与えられたことばを自分のことばとします。そしてこのことばを通じて、ものごとを考え、感じる方法を学び、概念の世界全体に近づきます。そして、ことばによって、現実と人々、また神との関係も深まります。両親の言語はついには自分の言語となります。そしてその人は、他人から受け取りながら、今や自分のものとなったことばで語ります」。

　最後にこのように勧めを締めくくります。「主イエスは地上の生涯の中で詩編によって祈りました。詩編はこの主イエスのうちに決定的なしかたで実現し、より完全で深い意味を表しました。わたしたちが神に語りかけるために用いる詩編の祈りは、神について、御子について語ってくれます。御子は見えない神の姿（コロサイ1・15）であり、御父のみ顔を完全なしかたで現します。それゆえキリスト信者は、詩編を祈ることによって、新たな観点のもとに詩編の歌を受け入れながら、キリストのうちに、キリストとともに御父に祈ります。詩編は過越の神秘のうちにその究極的な解釈の鍵を見いだすからです。そこから祈る人の展望は予想できなかった現実へと開かれます。あらゆる詩編はキリストのうちに新たな光を与えられます。こうして詩編は限りなく豊かな輝きを放つことができるのです。

　親愛なる兄弟姉妹の皆様。それゆえ、この聖なる書を手にとり、神に向かうことを神から教えていただこうではありませんか」。（教皇ベネディクト十六世の二七六回目の一般謁見演説。カトリック中央協議会司教協議会秘書室研究企画訳　http://www.cbcj.catholic.jp/jpn/feature/benedict_xvi/bene_message627.htm）

「祈り」の修得

聖書を取り巻く世界の、そして詩編をはじめとする聖書の祈りの言葉は、その姿勢と同様、当初は違和感を強く感じさせるもので、必ずしも私たちに心地のよい語り口やイメージを提供するわけではなく、むしろ私たちが通常考えたり話したりするのとは、かなり異質な現実把握の仕方を提示します。そして、考え方、話し方、ものの見方、生き方を徹底的に改革することを促しさえするでしょう。けれどもそれが私たちをいつしか霊的バイリンガルにし、「塩で味付けされた快い言葉で語」る（コロサイ4・6）、「地の塩」「世の光」「キリストの香り」として生きるものとすることでしょう。

十六世紀の宗教改革者たちは、形骸化した霊的生活、信仰形態、マンネリ化した祈りを打破する原動力として旧約聖書の詩編の祈りに徹底して向き合いました。大胆で率直な、嘆き、訴え、抗議さえする祈りに学んで、干からびかけ、凍てつきつつあった魂に神の熱情の炎を燃え立たせました。ある教師が言いました。「〔聖書が促す〕この新しい視点こそが、教会を単に他から隔離された信仰共同体とするのではなく、新しい創造における新しい人間のあり方を示すヴィジョンの担い手とする」ものなのだ、と（W・ブルッゲマン『聖書は語りかける』左近豊訳、日本キリスト教団出版局、二〇一一、32頁）。聖書の世界に息づく祈りの生活は、普段の私、た、ち、の生活とは異なる別のあり方、新しい生活を可能にします。それは浮世におぼれることなく、また浮世離れしない、むしろ「世にあって星のように輝き、命の言葉をしっかり保つ」（フィリピ2・15〜16）かけがえのない存在とされることでもあると言えましょう。ただしそれには学校で学ぶように、修練が求められる、というのです。

2　聖書の祈りの背後に広がる世界

聖書を取り巻く古代オリエント世界の「祈り」は置き手紙として神殿、あるいは聖なる場に残されたことがわかっています。人生の逆境に陥った人たちが、困った時の神頼み、というよりは、母の胎に形作られて以来関わり続けて来られた神に向けて自らの誠心を訴え、苦しみを多様な表現で描き出しながら、骨砕かれ、絶え果てんばかりの苦渋を吐露し、心折れて、孤独と不安にさいなまれる苦しみを縷々述べるのです。吐息と共に糧を食し、涙と共に杯を飲み、穴に落ち込んで泥にまみれ、恥に突き落とされ、嘲られ、近しい者たちからも嘲笑われ、蔑ろにされる、と。家計破たんや妻子の喪失、仲間の裏切りや街角での陰口なども触れられています。神の庇護からも外れて、嘆きは聞き上げられず遺棄された絶望にも触れられます。また罪の告白や悔い改めに言及するものもあることから、祈りが神との、偶発的なものではなく、人格的関係を礎としたものとして深められていたことに気づかされます。

また古代オリエント世界の「祈りの場」も聖書の「祈り」について考える際に重要な示唆を与えます。例えば、苦しみにある者のために執り成し手を求める「祈り」が、神殿における何らかの儀礼や典礼と結びついてささげられています（守護神に、ではなく至高神に仲保を求めるものも！　また王などを仲保者、使者として求めるものもある）。また儀礼における祈りの中には、徹底的な都市の滅亡と崩壊に際して灰燼に帰した神殿、死屍累々たる街角、荒涼とした景色の中で絞り出された呻きを刻んだ、悲しみと嘆きの祈りもありました。さらに祭儀における祈りは賛美と感謝に満ち溢れるものでした。死に瀕した貧しい者の声を聴くために来られ、絶望の淵を訪ねて救い出し、死の縄目から解き放って息を与えてくださったという感謝もなされます。聖書の祈り（詩編30編、22編など）と響き合うものも多くあります。

紀元前数千年の昔から礼拝を場として蓄積され広がりをもって潮のうねりのように祈り継がれてきた祈りが、聖書の世界に接ぎ木され、新たな息吹を与えられて旧約聖書、そして新約聖書を通して一層はっきりと救い主を仰ぎ見てなされるものへと転じ、何よりもキリストの口を通して祈られる嘆き、執り成し、賛美とされているのです。

3 祈りがもたらす新しい生活

祈りは、私たちの生き方そのものだと言ってよいでしょう。祈りは神の息によって生きる者とされている人間の魂の呼吸です。また私たちが祈りを通して、神の言葉を食べ咀嚼し、腑に落ちるまで噛み砕いて血肉として新しい人となるという意味で、祈りは命の糧でもあります。

聖書とそれを取り巻く世界のこのような祈りを体現した例を、最後にご紹介いたします。壮絶な体験の中で、祈りを通してイエス・キリストと出会った一人の方の証言。秋月辰一郎という長崎の医師がおられました。長崎に原爆が投下された時、爆心地に近い浦上第一病院で医長をしていました。一九四五年八月九日以降、家も家族も失って重傷を負った人たちが次々に崩れ落ちた病院跡地に逃げ延びてきた……。焼け残った木陰に避難してきた人たちが迎えた夜、八月の灼熱の太陽が沈んだ真っ暗闇が覆う中で、体中やけどで覆われて痛みと渇きに苦しむ人たちの呻き声があちこちに聞こえたそうです。ところが、どこからともなく祈りの声が聞こえてきた……。

もうとても言葉などしゃべれないほどに焼けただれて重い傷を負っているはずなのに、ロザリオの祈りと呼ばれる祈り、その中には「主の祈り」も含まれてくるのですが、その祈りが静かに、でもはっきりとあちこちから「めでたし聖寵充ち満てるマリア……今も臨終の時も祈りたまえ」「ああ、イエズスよ、われらの罪を赦したまえ。われらを地獄の火より守りたまえ。……霊魂を天国に導きたまえ」「われらに罪を犯すものをわれらが赦す如く、われらの罪をも赦したまえ」そう祈る声がそこここから聞こえてきた、というのです。長い夜が明けて朝日があたりを照らす頃、ほとんどの人が亡くなっていた、とのことです。

死に瀕して、地上での最後の息を祈りとともに引き取ったことを知ったこの医師は、圧倒されます。そして地獄の中でも祈る人たち、すべてが塵芥に帰した地で毎晩祈る人たちを通して、祈りで病気が治るというようなことではなくて、「祈ること自体が救いだ」ということを深く知るのです。祈りながら息を引き取っていった、この人たちの祈りに導かれるようにして、秋月医師は、のちに洗礼を受けてクリスチャンになったと言うのです。

「祈ること自体が救いだ」という秋月先生の証しには、祈りを通して救い主キリストと出会ったものの確信が言い表されています。私たちの願いや望みのその先に、あるいは求めも希望も潰えたその後に、それでも、いやそこでこそ本当に私たちと出会ってくださり、私たちの知らなかった時に、私たちがまだ罪人であった時に、私たちに代わって罪を負って死んでくださり、しかも死を打ち破って、私たちの絶望に終止符を打ってくださったキリストへと、祈りは私たちを一歩一歩導き、一足、また一足、近づけるのです。

まとめ

聖書とその背後にある世界の祈りは、私たちの信仰の歩みや人生の重要な局面、そしてあらゆる場面、順境の時も逆境の時も、健やかなる時も病む時も、そして新しい境地に至る時にも、神にささげられた言葉のほとばしりです。日々の生活で経験するあらゆる思い（喜びも悲しみも、高揚も絶望も）と深く切り結び、対話し、私たちを養うのです。

私たちも、このような祈りの世界を通して、嘆き、哀しみ、喜び、感謝し、そしてあらゆる思いを神のみ前に携えささげる祈りへと招かれています。そしてこのような祈りを与えられている共同体に私たちは召されており、私たちの嘆きにも居場所が用意されているのです。

私たちを本当の「地の塩」「世の光」「キリストの香り」とするのは、周辺世界から受け継ぎ聖書の中で花開いた、この聖書的な祈りの伝統です。聖書に根差した祈りは、普段の私たちの生活とは異なる別のあり方、新しい生活を可能にします。外なる人は滅びても、内なる人は、御言葉によって、そしてその御言葉への応答である祈りによって、日々新たにされてゆくのです（Ⅱコリント４・16）。

第二章　聖書の中にある祈り

前章では、聖書の祈りの背後に横たわる世界について探求の旅を共にいたしました。これを踏まえて、ここでは聖書の中にある祈りの世界について共に学んでまいりたいと願っています。アブラハム物語や哀歌、そして詩編を通して聖書の祈りの世界を紐解いてまいりましょう。

1　格闘の祈り

聖書における祈りについて、イギリスの著名な神学者P・T・フォーサイスの言葉を借りるならば、それは「神との格闘である」、と言ってよいでしょう（『祈りのこころ』大宮溥訳、一麦出版社、二〇〇八、161頁）。詩編もそうですが、フォーサイスの著作やカルヴァンの『祈りについて』を読むと、祈ることへの虚しさに魂が冷え切ってしまった時に、もう一度立ち上がる勇気がともし火のように心の片隅に灯り、しだいに燃え上がるのを覚えます。例えばカルヴァンは、「〔神は〕不信仰と誤謬とを同時に含む祈りにも耳を傾けられる」と述べています（『祈りについて』52頁。26、36、48頁も参照）。またフォーサイスは詩編の祈りの精神に立って、かなり大胆な物言いをしています。「わたしたちが神のみこころに反抗することがみこころであるかもしれない」とか、「祈りは実際、神のみこころを変えるかもしれない」、あるいは「祈りは、神のみこころに抵抗する形を取るかもしれない」（153～154頁）などと。祈りの格闘はのっぴきならないところでなされるものであり、聖書に示される祈りが粘り強さと「しつこさ」をもってなされる、というのは本当にそうだと思わされます。この執拗なまでに食らい付くような、食って掛かるような、神様の胸倉をつかんで食い下がって問う祈りに多く出くわす聖書箇所として、詩編の他にも哀歌やヨブ記が挙げられます。

2　神を待つ　一挙手一投足に刻まれる祈り

詩編には言葉となった格闘の祈りが刻まれています。ただ、その祈りが言葉に結実するために、握りしめた拳、わななく膝、そして引き裂かれる魂を抱えて言葉となる一歩手前の格闘を生きた人の姿に、既に祈りがあることに気づかされます。

アブラハムは本当に祈りを迫られた時、ひたすら何も言葉を発することなく、専ら目の前の動作に魂を込めました。待ち受けているのは明らかに絶望的な結末としか思えない時があります。信仰の父は、その絶望に圧倒されて生きた屍となる道ではなく、惨めさを嘆いて頽れてしまうのでもなく、祈りを行為に込めて言葉も発することなく、ただひたすら動作を止めませんでした（創世記22・3、9〜10）。納得のいかない現実の中にあって、抗う思いに抗いながら、逃げ出したい思いから逃げるように、今目の前にある作業の一つ一つを、あたかも祈りとするかのように。

惨い現実の中での祈りの姿について、ある祈りに関する書物に紹介されていたブルームハルトという牧師の「祈り」にまつわるエピソードを思い起こします（加藤常昭『祈り』日本キリスト教団出版局、二〇〇二）。ある婦人がブルームハルト牧師に、夫の言動に悩まされる生き地獄のような毎日の中で屋根裏に逃げて何時間も「惨めな私を見て、助けてください」と祈っていることを告げます。すると牧師は「そのばかげた祈りを止めなさい」ときっぱりと言われ、「今すぐ家に帰って、子どもの世話をして、家事をこなし、家畜小屋の家畜を世話し、畑も牧草地も自分で面倒を見なさい」と語った、と。そばでこれを見ていた人が、なぜ祈りを禁じられたかを問うと、牧師は答える。あの女性がしていることが祈りと呼べるのか。「祈りというのは、とにもかくにも、自分の悩みをすべて、自分から振るい落とすようにして、神を待つことです。あの女性が屋根裏で何時間もひざまずいていているとき、じっと見つめ続けているのは、自分の惨めさだけです。自分の惨めさだけを見つめているだけならば、ますます惨めになるだけです。……まず学ばなければならないのは、自分の惨めさだけを見つめることをよすということです」、と。祈りとは、自分の惨めさを見つめて自己憐憫に陥るのではなくて、「神を待つこと」と。

祈り、それは「神を待つこと」。アブラハムは避けがたく待ち受けている悲惨を沈黙の内に抱えながら、行動的に待つ祈りを一挙手一投足に刻んだのです。理不尽に翻弄されながら激しい抗議と無条件の服従を全うしたヨブのように（『並木浩一著作集1　ヨブ記の全体像』日本キリスト教団出版局、二〇一三、「苦難について」56～59頁参照）。

アブラハムの「神を待つ」沈黙の祈りの姿を創世記22章から紐解いてみましょう。神はアブラハムに「あなたの息子、あなたの愛する独り子イサクを連れて、モリヤの地に行きなさい」と言われたのでした。あの日と同じ響きでした。「行きなさい、わたしが示す地へ。（あなたの生まれ故郷を離れ、父の家を離れて）」（創世記12・1）。アブラハムの人生の分かれ道、裂け目となったあの言葉の前に再び立たされたのです。あの時は、住み慣れた馴染みある故郷を後にして、未だ見ぬ行く手定かならざる約束の地へと踏み出したのでした。けれども、今回は約束の子を手放して、望み見ていた未来を断ち切ることを迫られるのです。あるユダヤ教のラビがこの場面を脚色しています。神がアブラハムに畳みかけるようにおっしゃった言葉の間にアブラハムとのやり取りを入れるのです。追い詰められた父親が神に食い下がるかのように。


「あなたの息子を連れて行きなさい」「わたしには二人の息子たちがいます」

「あなたの独り子」「この子はその母親にとっては唯一の子です。そしてもう一人は、その母親にとってもやはり唯一の子です」

「あなたが愛している子」「わたしはどちらも愛しています」

「イサクを（連れて行きなさい）」


追い詰められ、究極の問いを突き付けられたアブラハムは、翌朝、ただひたすら黙って「朝早く」起きて「ろばに鞍を置き」「若者と息子イサクを連れ」「薪を割り」「命じられた所に向かって行った」。その間何もしゃべらない。ただひたすら行動するのです。手を動かしていなければ、とても耐えられないかのように。祈りさえ失われたかのように。否、失われた祈りを喘ぎ探るかのように。そして三日目になって、はるかに示された場所を見て、初めて口を開いてアブラハムは若者たちに、ろばと一緒にここで待っているように、自分と息子はあそこに行って礼拝し、また戻ってくると告げるのです。そして焼き尽くすささげ物に用いる薪を取り、息子イサクに背負わせ、火と刃物を手にもって、二人一緒に歩いて行った。再び黙々と進みゆくのです。前へ前へと行く先に待ち受けているものを凝視しながら黙って歩みゆく。

沈黙を破るのはイサク。互いの関係を噛みしめるかのように、呼び合うのです。すこし妙な言い方ですが、「イサクはアブラハムに言った、その父に、言った、『わたしのお父さん』と。するとと彼は言った、『ここにいる。わが子よ』と」。間もなく失われゆく父と子の間を必死に手繰り寄せるかのように。実はここでのアブラハムの答え「ここにいる」というのは、この出来事の最初で、神がアブラハムを呼ばれた時にアブラハムが答えた「はい」という返事と同じヘブライ語なのです。アブラハムは、神と息子イサクの両方に呼びかけられ、同じように答えるのです。ある人は、ここにアブラハムののたうつ呻きを聞き取ります（Ellen F. Davis, *Getting involved with God: Rediscovering the Old Testament*. Cowley Publications, 2001）。ぶつかりあう「はい」

「ここにいる」との同じ返答によって引き裂かれる思いがきしんでいるのを聞き取るのです。イサクは問うのです、火も薪もあるのに、犠牲の小羊はどこにあるのかを。アブラハムは答えます。「わたしの子よ、焼き尽くす献げ物の小羊はきっと神が備えてくださる」と。原文に近い直訳は「きっと神はご自身のために見出されるだろう」となります。そして二人は一緒に行く。ついに命じられた場所について、アブラハムは沈黙のうちに祭壇を築き、薪を並べ、イサクを縛り、薪の上に載せ、手をのばし、刃物を取り、息子を屠ろうとする。その時天から主の御使いが「アブラハム、アブラハム」と呼びかけ、彼が「はい」(「ここにいます」)と答えると御使いが言う「その子に手を下すな。何もしてはならない。あなたが神を畏れる者であることが、今、分かったからだ。あなたは、自分の独り子である息子すら、わたしにささげることを惜しまなかった」と。

この場面を画家のレンブラント(一六〇六〜六九年)が二十九歳の時と二〇年後の四十九歳の時にそれぞれ描いているのですが、かなり描き方が違っているのです。若き頃のレンブラントは、この場面を大画面に色鮮やかにドラマチックに描き出します(46頁図)。イサクの頭をのけぞらせて露わになった胸部に刀をつきたてようとするところを斜め上から描かれた天使に止められ、その天使をしっかと見つめるアブラハムの視線が光の指す方向を見ています。それ

に対して二〇年後のエッチング（47頁図）の方は、アブラハムが脇にひざまずかせたイサクを自分の胸に抱きとめ、息子の目を手で覆いながら刀を振り上げています。その背後から大きな翼で覆い包むようにして若くはない天使が止めに入ってアブラハムを抱きとめている場面として描くのです。そしてアブラハムの目は焦点を失って天使を見るでもなく、むしろ画面脇の闇を呆然と見つめているかのような、そして頬から口元にかけて深いしわが刻まれて泣き出しそうなのです。二枚の絵の間にある二〇年の隔たりの間に、レンブラントは、何人かの子どもたちを病気で失っています。子を失う悲しみと不条理と嘆きが、そのアブラハムのゆがんだ口元に深く刻まれているようにも見えるのです。この理解に苦しむ聖書の語りが、子を突然理由もわからない仕方で失う親の、そして未来を突然断ち切られる者の傍らにあり続けたことを、レンブラントは二〇年の隔たりを経て描いた二つの

作品に証ししていると言えるでしょう。

親が子を失う時、それが戦乱の中で生き残らせること忍びなく自らの手を下しつつ、しかも親は惨くも生き残ってしまった人の場合、また荒れ狂い逆巻く波の下で、瓦礫をかき分けながら、握っていた手を一瞬離してしまって二度と再びつながれることのない子どもの手を悔いても悔いても悔やみきれない親の場合、二度と回復しない病気のベッドの傍らでその苦しみの身代わりになってやりたくてもなれずに、何もできない親として無力を詫びるしかない場合、強制収容所の中で懐に隠し通せなかった幼子が親衛隊によって高圧電流の流れる鉄条網に投げつけられて殺されるのを、声も嗚咽も噛み殺してバラックの陰に身を隠し、死んだ幼子が乳の代わりにしゃぶっていたショールを口の奥へと押し込んで耐える母親の場合（シンシア・オジック『ショールの女』東江一紀訳、草思社、一九九四)、それらが誰かのせいであって、責任を問うことができたとしても、激しく自らを責めさいなむ親の苦しみは癒えることがなく、その魂の軋みににじんだまなざしの向かう先に、ひとりひとりのモリヤの山がある。そこで何を見るか。それが問われていると言えるでしょう。極限状態に置かれて言葉を押し殺して惨い現実に苦闘する者たちの格闘の祈り。子を失った無数の親たちの、神の民の嘆きの傍らに語り続けられた祈りの物語。そしてそこでこそ神を見出す物語なのです。危機の時代、自らをも否定したいような人たちに寄り添って語りかけられるのです。

酷い現実に打ちのめされてきた人たちのまなざしの先にあるもの。それぞれのモリヤの山に見たもの。それをアブラハムは見たことが告げられて物語は閉じられます。アブラハムはその場所を「ヤーウェ・イルエと名付けた。そこで、人々は今日でも『主の山に、備えあり』と言っている」と。これはより直訳で訳出するならば、「アブラハムはその場所を『ヤハウェは見る』と呼んだ。それが今日では言い伝えられている、『山でヤハウェは見られる』」。山で主なる神が「見られる」(受動態)。これまでにない御姿で現れた神が山において見られるのだと(関根清三編著『アブラハムのイサク献供物語　アケダー・アンソロジー』日本キリスト教団出版局、二〇一二参照)。

それはどのような神であるか。この神は「あなたが神を畏れる者であることが、今、分かった」と言われる神だと証しされます。それは、人間の極限状態まで下られて、アブラハムを含めて人の揺れ動く思いと揺るがぬ姿、日々落ち込んだり、高まったり、見出したり、見失ったりする信仰に向き合い続け、人間などこんなもの、と決めつけることなく、生きた関係を保ち続け、常に「今、分かった」と更新し続けてくださる神との出会いがここにあるということです。新約聖書は、この出会いの極みに、他の何者でもない、たった独りの愛する子を、イエス・キリストを差し出され、死に引き渡し、失い尽くされ、与え尽くすほどに愛を貫き通した神を証しするのです。アブラハムのまなざしの先に、代々の信仰者たちのまなざしの先に、子を、未来を失った親たちのまなざしの先に、それぞれのモリヤの山に、私たちは、愛する独り子を私たちが一人も滅びないために失われた神の愛を見るのです。アブラハムの「神を待つ」沈黙の一挙手一投足に刻まれた祈りの果てに出会う神がおられるのです。

3　絶望の淵からの言葉

さて、このアブラハムを信仰の父とする聖書の民に連なる詩編の詩人たちも、様々な仕方で神様と出会った人たちでした。救いの喜びに、翼を駆って飛翔する鳥のように、また宙高く飛び上がるシカのように、はじけんばかりのハレルヤを高らかに歌いあげている人もいれば、知性の深みから発せられる洞察に富んだ言葉で真実の深淵を詠う信仰詩人もいます。リズムに合わせて凱旋行進を先導するかのような軽やかな歌い手もいます。ただ、本章で特に取り上げてみたいのは、言葉を失うほどの苦痛、人生の歯車が狂うばかりでなく破砕して進退窮まり、世界に居場所を失い、寄る辺なくたたずむような中で絶望の淵から七転八倒の格闘をしつつ呼ばわる詩人の祈りです。先にご紹介した（本書19頁）パトリック・ミラーの朋友であり、現代英語圏を代表する旧約学者であるウォルター・ブルッゲマンは、著書『詩編を祈る』（吉村和雄訳、日本キリスト教団出版局、二〇一五）で「人生の極限状況を生きている人、人生の最も深いところにある痛々しい傷や荒々しく強い情熱……に敏感である人」（35頁）、すなわち逆境にあって祈る人の祈りを取り上げていますが、まさにその祈りのことです。

　極限状況において露わになる人間の姿について凝視した『夜と霧』『それでも人生にイエスと言う』の著者V・フランクルは、「人間存在は、その最も深いところでは、究極的には受難（パッション）である」、すなわち人間とは「ホモ・パティエンス（苦悩する存在）」と述べています（『苦悩する人間』山田邦男・松田美佳訳、春秋社、二〇〇四）。苦悩する存在である人間は、その苦しみをもって神の前にどのように生きるのかを問われています。そこに嘆きの詩人が先立ち、伴い、後ろ盾となる祈りの言葉は響くのです。

詩編というのは、ある天才的な一人の詩人、あるいは深い霊性を持った卓越した一個人の経験が言葉に結実したのではなく、何世代にもわたって何人もの人々が、共同体が、幾つもの時をかいくぐりながら、その時代に特有な数々の経験と悲しみを踏まえて洗練し、推敲し、言い換え、磨きをかけ、最もふさわしい表現を模索し格闘と葛藤を繰り返しながら紡いできた言葉の結晶です。沈黙に抗いながら、失われゆく言葉を回復するための静謐な戦いを経た言葉の重なりです。慣れ親しんできた世界の廃墟にたたずんで、瓦礫に失われた言葉を探し求め、ついに見出し、携え脱出する詩人たちの営みが生み出したものです。その言葉は、言い表すことのできない圧倒的な苦しみ痛みにある人たちの悲しみに言葉を与え、痛みに名を与え、嘆きに形を備えるのです。

哀歌——物語化を拒む言葉

このような、祈りの言葉を回復するために幾世代にもわたる格闘を経て編み上げられた詩編の祈りの軌跡を、次節では丁寧に辿ってまいります。聖書の中には、詩編と並んで、絶望の淵から呼ばわる祈りとして哀歌という祈りの巻物があります。ここではまずそれを見てみましょう。

哀歌は様々な切り口で、極度の苦痛によって破壊され、言語以前の音や叫びに陥る寸前の嘆きを言葉へと回復し、苦しみの経験に声を与え、言葉による表現の限界に挑み続けてきた書物と言えます。最初の一行目は、ヘブライ語で「エーカー！」という動物的で意味不明な唐突な絶叫で始まるのですが、次第に明瞭な語りへと向かってゆきます。これは言葉にならない苦悩が次第に言葉を回復していく様子を表しています。そしてこの言葉の回復を通して読者の想像力に働きかけ、ドラマティックに一人の女性の姿を浮かび上がらせます。第2章まで読み進むにつれ、最初は、ナレーターに描写されるだけで、言葉を発さず、生きているのかも定かでなかった詩の中の女性が声を発するのを聞くことになります。命の発露として祈りの声を上げるのです。最初はナレーターの語りの途中に誰の声かはわからない仕方で、突発的に「御覧ください、主よ　わたしの惨めさを」「御覧ください、主よ　わたしのむさぼるさまを」と。そして、次第に自ら生気を取り戻したかのように確信と不屈の精神で苦悩を吐露するようになるのです（1・12～22、2・20～22）。

それは苦しみに声が与えられない限り、哀しみを生き延びることはできないことを、哀歌を語り継いだ共同体が知るからです。ただその言葉遣いは、論理的とは言えないもので、起承転結や「哀歌の祈りの神学」といった仕方で体系立てて説明できるものではありません。文離滅裂になりそうな感情をなんとかアクロスティック（各節の冒頭の文字をアルファベット順に配列する技法）や句跨りという詩の技法の枠組みでつなぎ留めて、ぎりぎりのところで言葉の形を取っているとも言えます。物語化されえない言葉の集成、あるいは痛みや苦しみの記憶を意味づけようとする試みを拒むような、物語化できない痛みの記憶の生々しい痕跡とでも言えるかもしれません。何かわかるような型にはめることが経験の冒瀆にあたることを痛烈に感じさせるようなものなのです。アウシュヴィッツの証言を淡々と映像で九時間半にわたって綴ったドキュメンタリー映画『ショア』の監督クロード・ランズマンは、ホロコーストの経験を何らかの物語にすることへの激しい嫌悪感を「理解することの猥褻さ」という文章の中で強い口調で語っていることもこれに近い感覚だと思います（キャシー・カルース編『トラウマへの探究――証言の不可能性と可能性』作品社、二〇〇〇）。

哀歌はさらに、聖書において苦難を扱う際に必ずと言っていいほど取りざたされる神義論的解釈（人間の苦難、そして悪の問題に神の義しさがどのように関わっているのかを問う議論）にも完全には与しません。ダブス・オルソップは『現代聖書注解　哀歌』の中で、哀歌には「反―神義論」的感性が決定的な仕方で表明されている、と述べます（日本キリスト教団出版局、二〇一三、64頁）。そこでブレイタマンという人の言葉を引用して「神と苦しみの関係を何らかの意味があるものとして正当化したり、説明したり、受け入れたりすること」の全き拒絶が哀歌には見出される、と言っています。既存の規範的意味づけの枠から神を擁護したり、悪について説明することを拒絶しながら、しかも神への究極的な意味での信頼を失わずに、神義論と反―神義論との間で引き裂かれるような緊張関係に置かれた詩人の信仰の苦悩が言い表されているのです。単純明快な物語で語られることを拒む哀歌の苦しみの祈りを、私たちは聖書を通して学ぶことが許されており、その複雑で多面的な奥深さを習得するのです。

これは苦しみのもつ一見矛盾する方向性、ベクトルが祈りに必然的に内在していることを示唆します。キリスト教を思想的に論じて人気を博している大澤真幸さんが、ある対談の中で述べておられたことを紹介いたします。東日本大震災で被災した人たちが、一方では伝わらない苦しみや悲惨を語りつつ、他方で、ある種の痛みの経験を媒介、あるいは触媒として「友愛のコミューン」と呼ぶことのできる共同体を形づくっている、と（『現代思想　二〇一一年八月号　特集・痛むカラダ』青土社）。確かに痛みや苦しみは、一番核の部分に誰とも共有できないものがある。けれどもこの痛みの経験が他方で人をつなげて、共同性を確立する場合もある。

つまり、極限的に個人に向かっていくベクトル（方向性）と、逆に強い共同性へと向かっていくベクトル（方向性）が共存し交叉するところに痛み、悲しみの不思議な特徴がある、と。痛みには、個人を他者から分かって孤独に陥らせるベクトルと、もう一つ、人を他者へと関係づけるベクトルという両義性がある、というのです。

痛みを知っている者は、簡単にはその痛みが共感されないことをよく知っています。共感の不可能性を誰よりもよく知っている。だからこそ、他者の痛みにも敏感となり、その人にしかわからない哀しみをそのものとして尊重し、軽々に共感できないものとして重んじる、という意味での「真の共感」が形成されます。

その実例として、大澤氏はアルコールや薬物依存からの回復を目的として活動しているダルクを取り上げています。ダルク女性ハウスのミーティングでは、自分の体験を話すけれども、そこで周りが必ず守る大事なポイントは、応答してはいけないということなのだそうです。相槌を打ったり、頷いたりもしない。反応を示さない他者に徹する。個人を他者から分かつ方向性そのものによって、痛みが逆説的に共感される状況がそこに生まれるというのです。聴き手はあたかもいないかのように感じられる。けれども確かにその場に聴き手は存在している。聴く者が簡単に応答しない、わかった気にならない、けれどもそこにいることは確かである、という仕方のコミュニケーションが痛みや哀しみには有効だというのです。

聖書は実にそのような祈りの場を創り出します。ある苦悩を刻んだ問いと祈りに対して、即答されない場。けれどもそれがむしろ嘆く者にとっての慰めとなる道を拓いてゆく。嵐の中から語られる神と出会って生きなおすヨブ（ヨブ記38章以下）が証しをしている通りです（ヨブの祈りと神との出会いについては『並木浩一著作集1　ヨブ記の全体像』を参照）。

聖書の祈りを学び、苦悩を歌い継いできた詩人たちの格闘の軌跡を辿る時、今苦しむ者が自らを表すための素材と示唆を得るという可能性が開かれるのです。聖書にとどまらず詩というのは、説明の言葉ではなく、隠喩とイマジネーションの言葉です。断片化してしまいがちな経験を表現するのには適したものです。それぞれの独自の悲しみを哀歌や詩編の詩人たちと共有し、その助けを借りて、自らの体験を言葉にし、より意味深いものとして体験し、推敲してゆく可能性が開かれるのです。

聖書の祈りは、今の私たちの苦しみの体験を孤立化させません。本来、悲しみは味わった者、体験した者にしかわからないものです。言葉にならないものです。けれども旧約聖書に刻まれた嘆きと共鳴することで、個人の苦しみは孤独に終わらず、苦難と救いの歴史を歩んできた聖書の民の苦しみに連ねられてゆく可能性が開かれます。哀歌や詩編の祈りによって、あてどなくさまよい漂流する悲しみが、連綿と連なる潮のうねりのような流れに、すなわち滅びではなく救いへと向かう歴史に、つながれてゆくのです。その流れの中に、魂の傷の耐えがたい疼きを負い、深い苦悩に打ちひしがれ、魂から血を汗のように滴らせて祈る方がおられることを発見することにもなるでしょう。

別のイメージを用いるならば、現在味わっている嘆きが空しく虚空に響くものではなく、いろいろな時代に、様々な場所で発せられた嘆きの祈りと呼応し合い、時に和音となり、時に不協和音を奏でながらも幾重にも重なり合い、響き合うものとなる。今あるこの嘆きが、その人間の苦難の歴史の織り成す嘆きの「ハーモニー」の中の、かけがえない新たなパートを作りだす。嘆きの祈りを貫く神の沈黙は、人間の嘆きに場を作ります。旧約詩人に招かれて私たちもそのような場にいることができる。神の民として祈る言葉と場と時を与えられるのです。

4　詩編における格闘の祈りの軌跡

詩編における格闘の祈りは嘆きでは終わりません。W・ブルッゲマン『詩編を祈る』(26頁)によれば、嘆きの詩編を大別してみると「順境の時 (orientation)」、「逆境の時 (dis-orientation)」、そして逆境をへた上での「新しい境地（new orientation）」において祈られるものに分けることができます。順境、逆境、新境地とは、個々人のライフサイクル、そして旧約聖書の歴史とも重なり合います。旧約の民は安住の地でこの世界の秩序と調和、知恵の奥義を味わい、順風満帆、順境を喜ぶ時を知っています。けれども嘆きの淵に沈んで絶望的な滅びの歴史を辿ることも多かったのです。エジプトを出て荒れ野で四〇年間生死をさまよいます。そしてバビロンでも数十年にわたって故郷を喪失し、民族の存亡の危機を辿ります。まさに逆風に身を晒して逆境を生きる。身も心も傷つき、滅びの淵にたたずむ時を辿ったのです。ところが、一転、感謝や賛美の言葉へと変わり、約束の地、新しい故郷、新しい天と地を仰ぎ、おぼろげにではありますが希望をはるかに望み見る経験へと昇華されてゆく、それまで想像もできないような新しい境地に達する時をも言葉にして祈るのです。

「逆境」における祈りの格闘

逆境の中にあってなお、自らを鼓舞するかのように、そして逆境にあることを忘れようとして、順境にある時の祈りをすることがあります。けれどもそうしなくてよいことに詩編が気づかせてくれるのです。悲哀、悲しみ、嘆きを、なかったかのように覆い隠したり、楽観主義で乗り切ることが聖書の信仰ではないのだ、と。詩編は実に全体の四割がなんらかの嘆きの詩となっています。逆境にある時、詩編の詩人は嘆き、訴え、神に挑み、疑いさえ口にし、問うたのです。嘆きの詩編は詩編の中で最も数が多いものです。嘆きを隠しません。恥としないのです。嘆きの祈りを大事にすることは、決して私たちの信仰生活を歪めるものではありません。不信仰なことでもありません。むしろ大胆な信仰の業と言えるでしょう。

詩編88編は、硬直化し血の通わない信仰を、ヨブのように根底から問い、揺さぶりをかけるものと言えるでしょう。神との接点を求めながらも、神からの応答を引き出すことができない。苦難にある詩人は、見捨てられ、誰一人本当のところを理解する者のいない孤独の淵に捨て置かれている。冒頭で主に向かって激しく呼びかけています。「わたしの叫び……わたしの祈り……わたしの声……」に耳を傾けてくださることを願い、10節でも「わたしは呼び……わたしは手を広げて」訴える、と。そして14節でも「わたしは叫び……祈りは御前に向かう」と畳み掛けるのです。通常ならば、これほどの激しい叫びに主はお答えになるはずです（出エジプト記2章、詩編107編）。ところがここではそうではない。答えなき世界に生きる者の祈りなのです。答えをいただけない理由もわからない。罪が神を遠ざけたのかもしれないが、それは憶測でしかない。この詩は不条理と不可解をあえて未解決なままにしています。合理的な理由づけや論理的な解説の無力さを知っているのです。

ただし、答えがないからといって沈黙に陥らない。たとえ虚空に空しく響いているとしか思えなくても。神を疑い、神を捨てて無神論に陥ることもないのです。4〜10節にかけて苦難の描写がなされます。「陰府、穴、死人、墓」という領域へと「忘れ去られ、切り離された」者（4〜6節）は、神をまっすぐに見据えるかのように「あなたは地の底の穴にわたしを置かれ」、「あなたの憤りがわたしを押さえつけ」、「あなたの起こす波がわたしを苦しめ」、「あなたはわたしから親しい者を遠ざけ」、あなたはわたしを「忌むべき者」としたと挑みかかる。それでも答えはないのです。10節での呼びかけの後に11〜13節に六つの問いが発せられます。回答を求めてというよりも、深い嘆きを問いの形に込めて。死者、死霊、墓、滅びの国、闇、忘却の地に陥りつつある者にとって、通常の主の御業（驚くべき御業、感謝、慈しみ、まこと、驚くべき御業、恵みの御業）は今や風前のともしびなのです。切羽詰まった、のっぴきならない緊迫した状況が吐露されていることがわかります。それでも主の答えがないのです。

ついに14節での呼びかけの後、直截に、かつはっきりと神に申し上げます。「なぜ？」との問いを発し、「あなたの怒りを身に負い」、「あなたの憤りがわたしを圧倒し」、「あなたを恐れてわたしは滅びます」と（16〜17節）。そしてこの詩編は多くの嘆きの詩編と違い、その結末で賛美に転じることはありません。愛する者も友も「遠ざけられ」（19節。9節も）、「今、わたしに親しいのは暗闇だけです」。ヘブライ語の原文では、最後の言葉「闇」をもって、この詩編は閉じられるのです。何も起こらず、何も変わらず、何も解決せず、何ら希望も芽生えない。応答のない宙ぶらりんの状態に捨て置かれる。このような詩を、祈りを、繰り返し繰り返し口にし、嘆く者と共に嘆き、哀しみに留まる時、神に見捨てられ、答えのない沈黙の内に十字架につけられ、死にて葬られた「悲しみの人」イエス・キリストをはるかに見出すこととなるでしょう。

嘆きの詩編の言葉は、現代の私たちにも訴えてきます。時を超え、場所を越えて心揺さぶられますし、悲しみも迫ります。ある局地的で時限的な体験を普遍化させているからです。悲しみの共同体がその悲しみを継承してきました。教会はその共同体に連なっているのです。

格闘の祈りの末に

嘆きの言葉によって私たちは土曜日、陰府に下られた主イエスのみ跡を踏んでいきます。主イエスが孤独の淵に苦しみを苦しみぬかれ、死を死に切られた深みを旧約の嘆きを通しておぼろげに辿るのです。そして漆黒の闇の中を先立ちゆく主イエスの影を、詩編の言葉を通して、追うのです。そこでこそ出会い給う主がおられます。

主イエスが十字架の上で口にされた詩編22編も嘆きの詩編の一つです。この詩編は88編とは異なり、22節から23節の間でガラリとトーンが変わっています。2節で「わたしの神よ、わたしの神よ　なぜわたしをお見捨てになるのか。なぜわたしを遠く離れ、救おうとせず　呻きも言葉も聞いてくださらないのか」と歌い始めた詩人が、22節から23節へのつなぎ目で一気に賛美に転じます。23節「わたしは兄弟たちに御名を語り伝え　集会の中であなたを賛美します」。

まるで別人が歌っているかのようです。一人の詩人が続けて詠んでいるとすれば、その変化はやや異常なほどです。また共同体で共に詠んでいるにしても違和感を感じざるを得ない変化と言えるでしょう。嘆きから賛美へと変えられる、調子の変化には、何かが起こっていると考えるしかないのです。

それはもちろん詩人の心境の変化と理解することができます。グリーフワークでもそうですが、散々嘆き、悲しみを口に出しているうちに癒されてゆき、次第に調子が変わってくるという、内面的変化の表れととることもできます。ただ、もっと可能性が高いのは、より目に見える形での一つの変化の可能性です。詩編の祈りが、どこでなされてきたかを思い起こしたいのです。

それは礼拝の中で用いられてきました。礼拝において私たちが経験することがこの詩にも反映されていると考えることができるのです。S・モーヴィンケルという旧約学者が明らかにしたことですが、旧約の民は、祭儀において詩編を編み、それを練り、用いてきたと言われます。日常での様々な悲しみや困難、罪の縄目にからめとられながら礼拝に集い、神のみ前に罪を告白し、あるいは苦悩を吐露し、嘆きを訴えます。その時に、嘆きの詩編にあるような神に向かって呼ばわり、様々な表象やイメージを伴う苦難の描写がなされ、神にこの苦境に介入してくださることを願います。そして祭儀や礼拝の中ほどで、ある大事なことが起こります。それは何でしょう。そうです。神の言葉が、その権威を委ねられた祭司や長老によって語られるのです。多くの場合、それは救済託宣と呼ばれる神の救いの宣言です。「恐れるな、おののくな、わたしはあなたと共にいて、あなたを助ける」といった言葉です（エレミヤ書30・10〜11。イザヤ書41・8〜13、43・1〜7）。御言葉をいただいた人々はもはや以前のようではなく、赦しと救いの約束に満たされ、恵みに生かされる者となって、伏せていた目を上げ、涙を振り払って神を称えるものとされる。そこに嘆きから賛美への劇的な変化が生じる、という理解です。

この様子を記した箇所は残念ながら聖書の中には出てきません。ただ出てこないからない、とは言えません。言わずもがなのこと、誰もがよく知って、なじんでいることはあえて言わないということもあります。

ただし、一つ、これに類する出来事を記した物語はあるのです。サムエル記上1章12節以下、あのハンナの祈りの場面です。ハンナは子どもが授けられないことで、悩みと苦しみに苛まれて涙に暮れて食も喉を通らず、神殿に行って泣きます。悩み嘆いて祈り、激しく泣きながら「御覧ください、苦しみを。御心を留めてください、忘れないでください」と。その祈りは常軌を逸して長く、また激しいものであったことから、様子をうかがっていた祭司エリは彼女が酔っ払っているのだと誤解をして叱責します。「いつまで酔っているのか。酔いをさましてきなさい」と。ハンナは「いいえ。祭司様、違います。わたしは深い悩みを持った女です。ぶどう酒も強い酒も飲んではおりません。ただ、主の御前に心からの願いを注ぎ出しておりました。……今まで祈っていたのは、訴えたいこと、苦しいことが多くあるからです」と答えます。するとここで祭司が、神に託された救いの言葉をハンナにかけるのです。「安心して帰りなさい。イスラエルの神が、あなたの乞い願うことをかなえてくださるように」と。ハンナは帰って食事をしますが、その時「彼女の表情はもはや前のようではなかった」。

嘆きの悩みを携えて、神の御前に激しく訴え祈る信仰者。その祈りに神の代理として祭司が救いの約束を与え、それを境に一転して、礼拝者は魂の粗布を脱いで歓喜の帯を締めて晴れやかに御前から送り出されてゆく。これはハンナだけでなく信仰共同体の礼拝に集う者すべての姿に敷衍されるものと言えるでしょう。嘆きから賛美へ、という変化は、私たちの礼拝体験、あるいは信仰的歩みにおいても経験することかもしれません。礼拝において語られる神の言葉によって、私たちは罪赦され、救いの確証を与えられ、死と罪を突破する復活の希望を与えられ、「もはや前のようではない」命に生きる者とされて押し出されてゆくからです。詩編には、そのようなダイナミックな動きがうかがわれるのです。

嘆きの詩編と並んで聖書における格闘の祈りの典型である哀歌にも、嘆きの淵で出会った神の姿が証しされています。美しいメロディーと相まって愛唱される賛美歌「主のまことはくしきかな」(『讃美歌第二編』191番)は、哀歌3章22〜23節に着想を得たものです。『口語訳聖書』の3章17節から23節までを参照します。

17 わが魂は平和を失い、わたしは幸福を忘れた。

18 そこでわたしは言った、「わが栄えはうせ去り、わたしが主に望むところのものもうせ去った」と。

19 どうか、わが悩みと苦しみ、にがよもぎと胆汁とを心に留めてください。

[20] わが魂は絶えずこれを思って、わがうちにうなだれる。
[21] しかし、わたしはこの事を心に思い起す。
それゆえ、わたしは望みをいだく。
[22] 主のいつくしみは絶えることがなく、そのあわれみは尽きることがない。
[23] これは朝ごとに新しく、あなたの真実は大きい。

19節までの悲嘆が20節を境に大転換をするのです。嘆きを一転させるような出会いがあったことがうかがわれます。ではその出会いとはどんなものであったか。嘆きから賛美へとトーンが変化する境目に位置している20節で「わが魂は絶えずこれを思って、わがうちにうなだれる」とあります。実は原文を見てみると「わが魂」と訳されているところが本来は「あなたの魂」となっていたことがわかります。「あなた」、つまり神の魂がうなだれると。私の上にうなだれ、かがみこんで伏す神など、神に対して冒瀆的だということで、原文はそのままで写本家が修正したことがわかるのです。

けれどもむしろ、そのありえないことがここで起こっているのです。散々痛めつけられ、神に望むものは何もない。私たちの文化で言えば「神も仏もあるものか」という絶望の中で倒れ伏して詩人は嘆くのです。そこに「あなた、つまり神ご自身がたえずそれを思って、私の上にやはりかがんで伏してくださった」と。嘆く私に覆いかぶさって嘆き呻く神との出会いが証言されている、とも読めます。今まで神は罪なき者を痛めつけ、このようなひどいことをなすがままにしている、と思っていたけれど、あなたご自身が私の上にかがみ込み、伏し、傷ついて、泣く者と共に泣いておられる、と（『だれも奪えぬ自由　左近淑説教集』教文館、一九九二）。

ここで私たちは嘆きの淵に共に沈み込み、見捨てることなく、血と汗を滴らせられる方と出会います。そしてこの、天を裂いて下り、わがうちにうなだれた方によってこそ救われた、だから詩人のトーンは嘆きから一転して賛美へと向かった。絶望から信頼へ、闇から光へと突き抜けてゆく言葉が紡ぎ出されたと考えることもできるのです。聖書が証言する神は、痛み、悲しみ、人間の傷に見向きもしない方ではなく、むしろ高きにいますことに固執されず、低きに下り、浮世に身を沈めて共に苦しみ、共に嘆いている者の間にこそいます方です。この方の御姿が、新約聖書ではキリストにおいて啓示されています。そして改めてこの哀歌を嘆きの淵で口ずさむたびに、地獄を生きる私の上にかがんで伏す神と出会い、死をその身にまとってまで陰府に下り給うキリストと出会うことになります。

向き合うことも、ましてや闘うことさえできない私たちに代わって混沌と死の力と闘われ、世界を創造され、奴隷の縄目を解くために天を裂いて下り、海を割いた神。その懐にあって、天地の造られぬ前からいます独り子なる神は、ついにはご自身の肉を裂いて罪の縄目から私たちを解き放ち、死をねじ伏せて復活の喜びの列に連ねてくださった。だから歌うのです。

主のまことはくしきかな、まよいなやむこの身を、
とこしなえにかわらざる　父のもとにみちびく。
大いなるは主のまことぞ、朝に夕にたえせず、
みめぐみもてささえたもう。たたえまつらん、わが主を。

さらに、再三「慰める者はない」と嘆き祈る哀歌への（書をまたいだ）応答として「慰めよ、慰めよ、わが民を慰めよ」との言葉によって召された預言者イザヤ（40～55章）が、53章のいわゆる「苦難の僕の歌」において、哀歌の嘆きで証しされた「傷ついた存在」によって癒される希望へと聖書の民を導いてゆきます。その傷は罰ではないことを、その人において神の業が現されることを証ししながら。その「苦難の僕」とは、預言者個人とも、イエス・キリストとも、また傷を負った者と共にある共同体とも言えるとされます。答えは一つではないのです。

そしてその豊かさの中で私たちは示されます。御言葉（嘆きをも含んで）を命の糧として生きる私たちは、嘆きを恥としない、泣く者と共に泣く共同体、嘆きの傍らにあって代わりに嘆く祈りの共同体の形成へと招かれている、ということを。

新しい命を望み見る祈り

認めがたい哀しみを、受け入れがたい破れを、哀歌と嘆きの詩編は言葉をもって導き、そこでこそ出会い給う主にまみえることを得させます。それと並行して旧約の祈りは、これまで見たことも聞いたこともない新しい出来事、既存の表現では言い表し得ないような驚くべき現実へと導くのです。先立って進まれる復活の主との新たなる出会いを賛美するために。

詩編30編を開いてみてください。この詩編30編も一つの典型的な嘆きの詩編です。11節と12節の間に大きな転換があることに気づかれたことでしょう。そしてもう一つ、7～13節には三つの時の移り変わりが明らかになっていることにも気づかれたでしょうか。7～8節前半は順境の時、8節後半～11節は逆境の時、そして12～13節は新しい境地を歌っています。8節前半と後半の間に一つの移行、推移があり、順境から逆境へと向かいます。

細かく見てまいりましょう。7節ですが、かつていつまでも続くと思っていた平穏の中で

「とこしえに揺らぐことがない」と信じて疑わなかった（7節）。ところが神の不在に直面するや、確信も信仰ももろくも崩れさっていったのです。そして9～10節には嘆きの詩編の主たる要素（呼びかけ、願い、救いの動機づけ）が列挙されます。最後に12～13節が2～4節と並行して神の決定的な御業を述べるのです。逆境を経て新しい境地への移行が見られます。「あなたはわたしの嘆きを踊りに変えてくださった」「粗布を脱がせてくださった」「喜びを帯としてくださった」と。新しい命をお与えになることのできるのはこの神だけなのです。哀しみの淵のおぞましさを知っているからこそ今、この新しい命に入れられた喜びを生き生きと賛美するのでしょう。最後の言葉「感謝」をもって、この詩編は閉じられます。この詩は、深い河のあちら側で苦しみの中で希望の光さえ見出せずにいた詩人が、こちら側で「感謝」を歌っているものと言えるのです（W. Brueggemann, *The Message of the Psalms: A Theological Commentary*）。

ちなみに「感謝する」とは、単に「ありがとう」と言うことではありません。ヘブライ語の「投げかける」という動詞から派生したものであることからも、これは信仰告白的なものと言えます。「感謝する」とはその相手に自らを投じること、委ね切ることです。なぜそのように感謝できるのかと言えば、その理由は、泣きながら夜を過ごした日々を決して忘れることはないけれども、今は喜びの朝を迎えさせていただいたからです。嘆きから喜びへ、夜から朝へと、土曜日から日曜日へ、そして死から命へと転じる方ゆえ、すべてをなげうって感謝することができるのです。

順境から逆境へ、そして新しい境地への移行が、詩編30編の中で起こっていますが、これは詩編全体の動き、さらに信仰共同体の霊的生活、礼拝生活における動きでもあります。新約聖書の信仰にも重なりが見られます。

フィリピの信徒への手紙2章6節以下のキリスト賛歌を見てみましょう。ここにイエス・キリストのご生涯が短く端的に述べられています。「キリストは神の身分であった」。ゆるぎない永遠の神の権威と栄光をもっておられた主イエス、これはいわば順境（orientation）の時。ところがキリストは神と等しい者であることに固執しようとされず、かえってご自分を無にして僕の身分になり、へりくだって死に至る。これは主イエスにとって嘆きと苦闘の時、まさにレントの時であり、十字架の上で嘆きの詩編を口にされていることからも逆境（dis-orientation）の時と言えるでしょう。ところがここで終わらないのです。主は死なれ、三日目に「神はキリストを高く上げ、あらゆる名にまさる名をお与えになりました」とあります。まさに新しい現実、だれも思い描くことのできなかった驚くべき復活の命へと、新しい境地（new orientation）へと導かれるのです。

さらに主の最後の一週間である受難週の歩みにも、この順境から逆境へ、そして新しい境地へと向かう主の御姿を見ることができるでしょう。棕櫚の主日に主イエスは柔和な王としてエルサレムに入城されました。「ホサナ。ホサナ」の出迎えを受けて。けれども木曜日の夜、血の滴るような汗を流して嘆き、訴え、神に杯をとりのけていただくことを願い、金曜日に十字架で肉体を裂き、血を流されます。そして十字架上で息を引き取られ、陰府に下られ、死を味わわれました。絶望が地を覆います。安息日が終わり、日曜日の朝、女性たちが墓に行ってみると、主は復活されてもうそこにはおられないのです。マルコによる福音書では婦人たちは「震え上がり、正気を失っていた」「恐ろしかったから」だれにも言わなかった、と記されています。まさにその通り、だれも想定できない出来事が起こる。主の復活とはまさにワンダー、驚きであり、ワンダフル、すばらしいこととして起こるのです。新しい現実、新しい境地に導き入れられるのです。

まとめ

祈り。そこには願いがあり、訴えがあり、期待がある。けれども希望が絶望に覆い尽くされ、祈りの言葉をもはや見出すことのできない悲しみに心身を侵され、信仰の欠片さえ微塵も残らない魂の危機に陥る時があります。私たちの内に祈りがなくなる時。どう祈っていいのかわからない、祈りの言葉が見つからないというだけでなく、祈りそのものが失われる時。そこでこそ魂の格闘が紡ぎ出す呻きが祈りとされてきたことを、聖書と聖書を取り巻く世界の祈りは証しするのです。

嘆きから目をそむけて平静を装うのでなく、むしろ悲哀に真剣に向き合い、神に呼ばわることは、信仰なくしてはできない。自分の弱さを受け入れられなければ、弱さと向き合うこともできない。内なる神への疑念を押し殺して神から目をそむけるよりも、耐えがたい不条理に煮えたぎる思いを神に向かって真っすぐに訴えることこそ信仰だと、聖書の祈りは教えるのです。ここで祈りの向かう先におられる神は、順境にある時に仰いでいたのとは違う御姿かもしれません。栄光から栄光へ、勝ちて余りあるよりも、悲しみと嘆きに伴い給う方としておられるのです。高きに鎮座まします神であるより、低きに下り、浮世に身を沈め、苦しみを苦しみぬかれ、嘆きを嘆きぬかれる方としておられるのです。神様らしくないと思われるかもしれません。けれども聖書の神はそういう御姿も現される方です。ゲツセマネの園の主イエスに啓示されたように、十字架上で嘆きの詩編の言葉を振りしぼられたキリストにおいて、そして酷い姿で墓に横たえられた御姿において（ハンス・ホルバイン「墓の中の死せるキリスト」一五二一～二二年、下図）。

聖書の世界の祈り（特に嘆き）は、悲しみのあまり、祈ることができない、どう祈っていいのかわからない者に、祈りの道筋を整えます。祈る者は、そこで聖書の世界の信仰者たちの悲しみの表現、祈りの言葉に導かれ、嘆きに教えられながら、それぞれの悲しみのプロセスを共有し、その助けを借りて、より意味深いものとして現実を体験し、推敲し、言葉にしてゆくのです。「神よ！」と呼ばわり、悩み悲しみを包まず述べて、救いを求め、回復を願い、そして感謝へと手引きされてゆくのです。

悲しみを掘り下げた信仰者の言葉は、静謐なる深みに響くのです。言葉が感性を磨きます。悲しい、辛い、どう辛いのか、どのように痛むのか、聖書の世界の祈りは、私たちの格闘する祈りの語彙を育むのです。

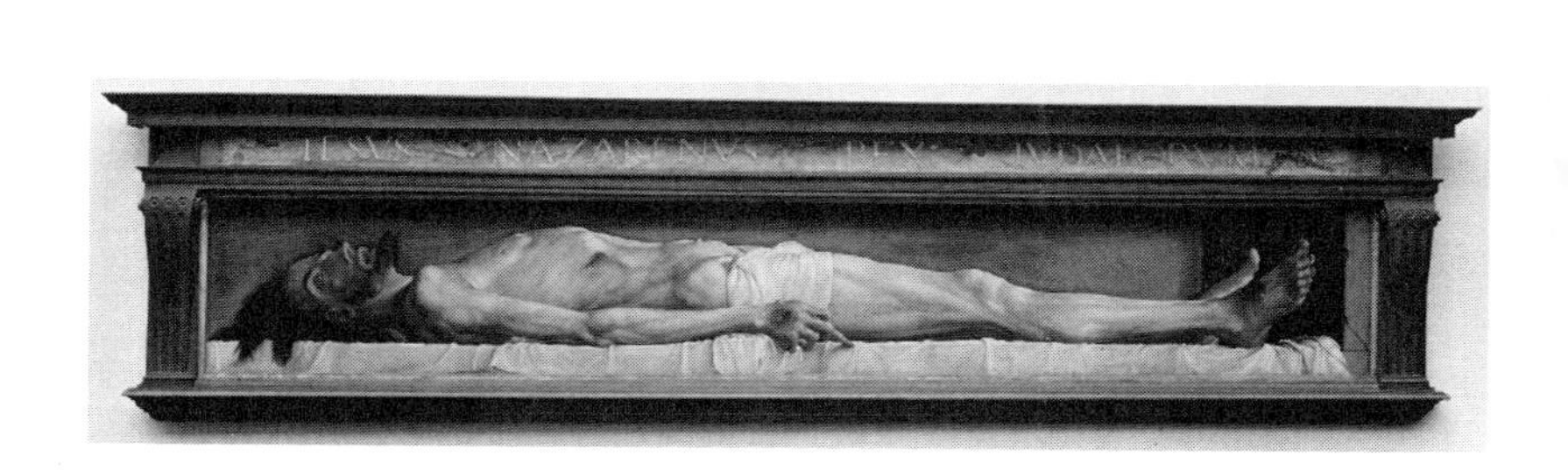

第三章　聖書の前方に広がる祈り

はじめに

前章では、聖書の中にある祈りの世界について、激しい格闘の祈りを刻むアブラハム物語や哀歌、そして詩編を紐解きながら、信仰共同体に生きる信仰者たちが刻んできた歴史の順境、逆境、そして新しい境地にあって紡ぎ出してきた言葉に聴いてまいりました。この章では、その聖書が今に至るまで生み出してきた、聖書の前方に広がる祈りの世界を遥かに眺望してみたいと思います。

とはいえ、二〇〇〇年、あるいは旧約聖書の時代からすれば数千年の間にささげられてきた祈りは果てしなく数え切れぬほどに、また時代や文化、言葉の壁を越えて限りありません。それほどまでに聖書の祈りが導いてきた祈りの世界は広く深く豊かなのです。平野克己先生が編まれた『祈りのともしび――２０００年の信仰者の祈りに学ぶ』（日本キリスト教団出版局、二〇一五）は、その汲めども尽きせぬほどの祈りの世界を、古今東西三五名（平野先生の祈りを入れれば三六名）の人たちの祈りを通して垣間見せる書物です。祈りの深みに導かれるものです。目まぐるしいほどに乱れる心を抱えて忙殺され、傷つき疲れ頑ななまでに干からび凍てついた魂が、信仰の先達たちの祈りに誘われて、いつしかにじみ出る泉の潤いにまなざし洗われて、祈りの先に主なる神、そしてキリストと出会うことへと導かれる、そのような思いを与えられる祈りの数々。例えば、セーレン・キルケゴール（一八一三〜五五年）の祈りはその一つです。

天におられるわたしたちの父よ、
わたしたちの心にあなたへの思いが目ざめるそのとき、
わたしたちが、
恐れのあまりあたふたと飛びまわる鳥のようではなく、
天上の笑顔を映し出して眠りから目をさます、
　おさなごのようでありますように。（『祈りのともしび』、72頁）

1　聖書の前方にあって「往還」する祈り

聖書の前方に開かれた祈りの世界、それはまさに私たちが生きる世界です。そこでは、縦横無尽に旧約預言者の祈り、主イエス・キリストの祈り、そして信仰の先達たちの祈りが時空を超えて往還し、共鳴し、交響曲のすべての音色がクライマックスに向けて妙なる調べに絡み合うかのように響き渡るのを聞きながら、私たちもその奏でられる調べに加えられてゆく幸いへと導き入れられます。

例えば旧約聖書には、イエス・キリストのゲツセマネでの苦しみの祈りに響き合う、数多くの激しい苦悶の祈り、神の御心を問う祈りがささげられています。神の御心が地にもなされること、つまり私たちの間に実現されることを求める時、自ずから私たちの道と神の道は、私たちの思いと神の思いは激しくかち合うことがあります。イザヤ書55章が証しするように、天が地を高く超えているように、神の思いと道は人の思いと道を超えて高い。その高みから低きに下った神の思いと地上にある人の思い、神の道と人の道の錯綜するところに相剋が生まれるのは至極当然のことです。イエス・キリストのゲツセマネの祈りは、そのような神の御心と人の思いの衝突のただ中で、私たちに代わって苦悶の内に神の御心を問うべく、人の闇と眠りに閉ざされた中で汗を血のように滴らせて祈られた主の、密やかに啓示された祈りです。

そして私たちは、さらにこの聖書の言葉（イザヤ、イエス・キリスト）に学びつつ、地にあって天にある故郷を見上げて歩む旅人として「みこころの天になるごとく、地にもなさせたまえ」と主にならって祈る「新しい人」とされるのです。

エレミヤの祈り

神の思いと人の思いの遥かなる隔たりについて証しするイザヤ書55章。その数十年前に遡り、イエス・キリストのゲツセマネの祈りからは約六〇〇年ほど前に祈られたと考えられるエレミヤ書の祈り（エレミヤ書11・18〜12・6、15・10〜21、17・14〜18、18・19〜23、20・7〜18参照）は、神と人の隔たりと破れ目に立つ仲保者の葛藤として、激しい語り口で祈られます。

正しいのは、主よ、あなたです。
それでも、わたしはあなたと争い
裁きについて論じたい。

なぜ、神に逆らう者の道は栄え
欺く者は皆、安穏に過ごしているのですか。
あなたが彼らを植えられたので　彼らは根を張り
育って実を結んでいます。
口先ではあなたに近く
腹ではあなたから遠いのです。
主よ、あなたはわたしをご存じです。
わたしを見て、あなたに対するわたしの心を　究められたはずです。
彼らを屠られる羊として引き出し
殺戮の日のために取り分けてください。（12・1〜3）

不条理としか思えない世の現実の中で、神の御心がどこに示されているのか、神の正義は貫かれているのか、預言者は激しく詰め寄ります。そしてついに毒々しい言葉さえぶつけるのです。

主よ、あなたがわたしを惑わし

わたしは惑わされて　あなたに捕らえられました。
あなたの勝ちです。
わたしは一日中、笑い者にされ
人が皆、わたしを嘲ります。
……主の名を口にすまい
もうその名によって語るまい、と思っても
主の言葉はわたしの心の中　骨の中に閉じ込められて
火のように燃え上がります。
押さえつけておこうとして　わたしは疲れ果てました。
わたしの負けです。（20・7～9）

「惑わし、惑わされ」、神に強引に口説き落とされて有無も言わせぬ力でねじ伏せられて、他方、周りからは笑い者にされ慰み者にされ、尊厳も人格も踏みにじられる。神からも人からもなぶりものにされ無残にも引き裂かれていると嘆くのです。

預言者の周囲にある混沌の只中で、喪失と哀しみ、無力感にさいなまれている者にとって神の御心は不可解きわまりないものでした。目覚めていることに耐えられず眠り込んだ魂を抱えていた祈れぬ者たちの傍らにあって、しかしながらエレミヤの苦悶の祈りは、実は嘆きから祈りへという聖書の民の祈りの伝統を踏まえながら、バビロン捕囚によってすべてが揺らぎ、失われゆく危機を「祈り」をもって生き延びる道を切り拓いていったのです。捕囚の民は、敵の前を「屠り場に引かれて行く」小羊のごとく（11・19。イザヤ書53章や詩編44・12、23参照）、不当な仕打ち、迫害と辱めに身をやつし（15・10〜15）、圧倒的な暴力に晒されて癒しがたい傷を負い（17・14）、信頼していた近しい者たちから裏切られ（12・6、18・20、20・10など）、正義を踏みにじられ、尊厳を奪われ、辱められ、呪われ、嘲られ、恥を抱えて絶望の淵をさまよっていました。そして問題は、神がそれを見逃しておられるばかりか、加担しておられるとしか思えないことでした（12・1〜2、15・18）。神の御心が全く見えない中で、霊的にも神学的にも確かさを見失い、神への信頼は砕け散って「〔ずっと信じてきた〕神を疑いました」（長崎の被爆者・片岡ツヨさんが浦上天主堂の廃墟を初めて見た際の証言。NBC長崎放送製作ドキュメンタリー『神と原爆――浦上カトリック被爆者の55年』を参照）と言わざるを得なかったのです。地上に生を受けた日を呪うほどまでに労苦と嘆きと恥は深かったのです（15・10、20・14〜18。ヨブ記3章も参照）。

そのような時にこそ聖書の民は祈る民であることを「エレミヤの祈り」は証しします。信仰の群れは、このエレミヤの祈りを模範として、祈れない者の傍らにあって祈る共同体であることを自覚します。賛美、感謝、悔悛、告白と共に、魂の奥底から燃え上がる疑念の炎、疼いて癒えない憎悪、たぎるばかりの毒々しい思い、激烈な痛みと怒り、行き場のない荒々しい思い（18・21〜23。11・20、15・15参照）を携えてでも、神のみ前に立つことへとこの祈りは共同体を招くのです。御心を知りえぬ無力さを噛みしめて泣き寝入りするのでもなく、逆に正義を楯にして性急に自らの手で落とし前をつけるのでもなく、神に応答の時と場を委ねるのです。共同体の存在を根底から揺るがす本当の力を知り、その究極的な解決と正義の回復は神の領域に属するものであることを知っているからです。「エレミヤの祈り」は絶望の淵に沈んでしまった者たちを招いて、生き延びる道を教えるのです。オコナーという旧約の専門家が次のように書いています。

〔エレミヤの祈りは〕壊滅状態に陥った共同体に霊的な疑念や動揺を直視して表現する手段を与えると同時に、いかにして霊的に生き延びるかを教えてくれるのだ。絶望のただ中でできること、それはたとえ神があなたのそばからいなくなってしまったときでも神にしがみつくことである。……「公正なる審判者」の目の前で本音をさらけ出し、怒り、絶望、喪失感を露わにしていいのだ。……エレミヤの「告白〔祈り〕」はこうしたことを行うための形式と言葉を生み出すものであるが、それを一から新しく発明するのではなく、〔旧約聖書の〕嘆きの祈りという伝統的な典礼形式を作り直して回復し、刷新する手法をとっている。エレミヤ書が伝統を踏襲せざるを得ないのは、寸断されてしまったものを元に戻せるのは伝統だけだからだが、破壊されてしまったのはまさにその伝統であった。エレミヤの「告白〔祈り〕」は民と一体である預言者エレミヤの嘆きの表現に過去の形式と言葉を取り入れ、共同体の新しいあり方を示しており、素晴らしく創造性に富んだものと言えよう。（K・M・オコナー「再び生きていくための嘆き」榊原芙美子訳、『エレミヤの肖像』日本版インタープリテイション82号、聖公会出版、二〇一三、66～67頁）

聖書の言葉に促され、導かれて、今日を生き延びる者とされる。私がそのことを学んだのは、アメリカ留学に際して出会ったブルッゲマン教授からでした。授業に先立っていつもささげられる彼の祈りは、御言葉に深く根差すものであり、私を含む学生たちを揺り動かしました。その祈りは、後に一冊にまとめられました。例えば、こういう祈りです。ここでブルッゲマン教授は、エレミヤ書8～9章の言葉に応えるかのように、悔いを絞り出し、喜びをほとばしらせて祈っています。

主よ、
私たちは、どこかで、あなたは動じない方で、頼もしい方であっていただきたいと
あなたが予期しうる方で、常に同じであっていただきたいと願っています。
教義という鎚を手に取り
敬虔という釘をもって
あなたの御足を床に釘付け
一つ所にあなたをとどめ置きたいのです。
然して、私たちはあなたが生きて働かれ
いつも驚きを賜り
いつもまったく新しい方角から来られるのに出会うことになります。
いつも私たちを植えられ、
私たちを抜かれ

あらゆることを壊され
すべてを新たにされる、
あなたは私たちが選ぼうとして選んだ神様ではありませんが、
私たちはあなたの民、
あなたは私たちを自由な御心において選んでくださいました。
その大いなる自由の賜物を求めて祈ります。
御国にあってあなたがそうであるように
私たちもあなたに向けて解き放たれますように、と。
自由の賜物を与えてください。
そうすれば私たちも新しい地平へと進みゆくことができます。
服従と感謝のうちに。
主イエスを感謝いたします。
私たちすべてにとってのあなたの自由をその身に現された方を。
アーメン。

（エレミヤ書8～9章の学びを前にして）
（W. Bruggemann, *Awed to Heaven, Rooted in Earth*. Fortress Press, 2003）

モーセの祈り

神の計画と人の思いがぶつかる時、いやもっと突き詰めて言うならば、人間の反抗と神の熱情の板挟みになった時、文字通り「極限状態」に追い詰められた時、モーセの祈りは、持てるすべての力と魂と心を総動員し、すべてを注ぎ出すような、ほとばしる激情を伴う執り成しの祈りとなりました。神に真正面から向き合った姿を、民数記14章のモーセの祈りを通して紐解いてみましょう。この時にまみえた神との出会いは、どのようなものであったか。

神の民は幾多の困難と窮状と不信の壁を一つ一つ乗り越えながら、恵みの神を少しずつ知り、約束の地へと近づいていました。ところがいざゴールの先を見た偵察の報告を聞くや、待ち受ける先住民の強大さや未来の多難さに怖気づき、自分がいかに小さく弱い者であるかばかりに心奪われ、脅えて、声を上げて叫び、夜通し泣き言を言い、ついにはモーセとアロンに対して、すなわち間接的には神に対して、嚙みついたのです。「エジプトの国で死ぬか、この荒れ野で死ぬ方がよほどましだった。……引き返した方がましだ」「さあ、一人の頭を立てて、エジプトへ帰ろう！」と。土の器にすぎないものが宝の民とされ、絶望が希望に変えられたことの喜びの内に数えてきた恵みも、仰ぎ見てきた望みも、砕け散って霧散してしまった。危難の度に、尊厳を踏みにじられ、煮え湯を飲まされる度に、驚くべき仕方で救い出され、重んじられ、癒されたのに、今は、喉元過ぎれば恵み忘れると言う外ない状況に陥って、これまでの導きを全否定し、激しく動揺して、あべこべにあらぬ方向へと、滅びと死と辱めの暗闇へと逃げ帰ろうとしてしまうのです。

　この事態に、リーダーであったモーセもアロンも言葉なく、ただ共同体全員の前にくずおれていた、と聖書は証しします。それは祈っていたのか、無力感にさいなまれ、絶望に打ちひしがれていたのか、そのすべてであったのか。代わりに神の御心を代弁したヨシュアとカレブを共同体全体は石で打ち殺そうとしたのですから、もはや進退ここに極まったと言えます。自らの小ささからくる恐れに駆られた人の思いは、窮鼠猫を噛むという故事成語もありますが、本来畏れるべき相手への畏れを失って暴走してゆくのです。神はこれに応えられます。激しい怒りを滾（たぎ）らせながら。「いつまで、いったいいつまでこの人たちは！」と。もう堪忍袋の緒が切れる寸前です。「この民は、いつまでわたしを侮るのか。彼らの間で行ったすべてのしるしを無視し、いつまでわたしを信じないのか！」恵みを安価に見積もって侮り、憐れみと慈しみに不信をもって応える民に対して、激しい怒りを発し、この民を滅ぼし、代わりにモーセの子孫を新たな民とする、とまで言われる。神の燃え盛る怒りの言葉に打ちのめされながらも、ここでモーセは祈るのです。それは神の御心に訴え、御旨を転じてくださることを求める祈りです。『叫び声は神に届いた――旧約聖書の12人の祈り』（W・ブルッゲマン著、福嶋裕子訳、日本キリスト教団出版局、二〇一四）という書物の中で、このモーセの祈りは「聖書の中でも最も素晴らしい祈りのひとつ」と言われます。民数記14章13～19節をもう一度開いてみましょう。

もしここであなたが仰せの通りに民を滅ぼされたら、全世界があなたを侮ります。あなたには導き出せても導き入れることができないから殺してしまったと噂するでしょう。人々の嘆きに耳を傾け、救いを求める叫び声に御心を痛め、いてもたってもいられずに高きに居ますことに固執されることなく、低きに下って救い出す決意をされ、契約を結んで人間と人格的に関わりを持たれるという、常軌を逸した憐れみに富む御旨を明らかにされた神を、その成り行きを、固唾を飲んで見守っている人々、いや、そのような神の失敗を密かに期待して冷やかに見ている諸国の民は、ほらみたことか、とあなたを嘲るでしょう。今こそ私の主の力を大いに現してください。あなたは確かに約束してくださったではありませんか、「忍耐強く、慈しみに満ち、罪と背きを赦す方」、と。その大きな慈しみのゆえに、またこれまで赦してこられたように、この民の罪を赦してください。

ここでモーセは神に対して、ご自分の普遍的本性と神の歴史的御業を思い起こしてくださいと願っています。この想起を通して、断罪を宣せられた神が、今一度赦しをもって臨んでくださることを求めて執り成しの祈りをささげているのです。不遜の誹りを免れない祈りとも言えるでしょう。けれどもここにこそ生ける神とののっぴきならない対峙があります。勧善懲悪の機械的な神様ならば、たとえどんなに祈ろうと結果は変わりません。けれども聖書の神様は生きておられる。そこにかける祈りをモーセはささげているのです。極限に追いつめられたモーセが、滅びの一歩手前でなした執り成しの祈りの先におられる神は、新約聖書ではっきりします。それは、ご自分のかけがえのない独り子を低きに下らせ、人のすべての的外れと罪と無力と空しさと破れと死すべき過ちを、この独り子に代わりに負わせ、義を貫くためになさねばならない裁きを、この罪なき神の子に下し、その肉を裂き、血を流し、陰府にまで下って死を死に切って、神なきところを神いますところに変えて、よみがえらせ、高きに上げて、執り成しを受け入れられる神なのです。モーセが証しする神は、聖書を貫いて「忍耐強く、慈しみに満ち、罪と背きを赦す方」なのです。

モーセの執り成しの祈り、そして主イエス・キリストの執り成しの御業が切り拓く祈りの世界に、私たちは生きています。同朋、社会、為政者のために、混沌と闇の色濃い世相にあって執り成しを祈り、霊的バイリンガルとされて、畏れつつ大胆に主の証し人とされるのです。

天と地を結ぶキリストの祈り

神の御心を問う信仰者の連綿とした祈りの連なりの中で、壮絶で過酷な現実の渦中にあって、自らは刀折れ矢尽き、もはや格闘しえぬ者の傍らで代わって格闘をし、闇に閉ざされて問うことのできない者の傍らで問い、くずおれて祈りえぬ者の傍らで祈る者の祈りが与えられていることを知るのです。祈るモーセやエレミヤの周りには無数の祈れない人たちがいた。ゲッセマネの園ではイエス・キリストの周りには、悲しみのあまり祈れず、泣き疲れて悲しみの果てに眠り込んだ弟子たちがいた。その傍らに聖書の嘆きの祈りを代わって祈るリーダーがおり、預言者がおり、預言者の祈りと詩編詩人の祈りを祈るイエス・キリストがおられることを聖書は証しします。このような聖書によって育まれる時、私たちの間に、傍らにいる、祈れず魂を凍てつかせた者に代わって祈る祈りへと招かれていることを覚えるのです。

聖書が証しし、私たちが主と仰ぐ、イエス・キリストの、「御心が行われますように、天におけるように地の上にも」との祈りがもたらしたのは、私たちの思いを超えて、私たちの道を超えて遥かに思いも及ばぬ出来事であったことを、聖書は明らかにします。天において実現している御心が地上にもたらされる時、それは、取り除いてくださることを祈った杯を飲むこと、できることならば過ぎ去らせていただきたいと願った十字架による恥辱に満ちた死でありました。苦しみの極みに神の子が取り去られた。祈りは嘆きに沈んだ。死すべき者の傍らで、代わりに御子が死なれた。神の御心は不可解ここに極まった。

その不可解の極みにおいて地上に起こった御心は、「むなしく天に戻ることはない。それ〔雪や雨〕は大地を潤し、芽を出させ、生い茂らせ、種蒔く人には種を与え、食べる人には糧を与える。そのように……〔わたしの言葉も〕わたしの望むことを成し遂げ、わたしが与えた使命を必ず果たす」とイザヤ書55章で証しされているように、また、「一粒の麦が死んで多くの命を結ぶ」とご自身が言われたように（ヨハネ12・24）、イエス・キリストは十字架の死によって人の罪を背負い、自らの命をもって天を超えて高い神の御心と地上にある私たちを結び付けてくださり、天にある喜びを地に満たしてくださり、死んで塵に返る人の命を神の似姿に回復された命に結び付けてくださった。「御心が行われますように、天におけるように地の上にも」と祈る時、私たちはこのような天と地、そして救いの歴史を貫く一連の御業の内にキリストを見ることへと招かれているのです。

預言者や詩編詩人の祈りとの響き合いの中で、このキリストを見上げながら、御心を尋ねて御前に生きる者の祈り。この祈りは、私が仕える美竹（みたけ）教会の集会室を毎週お貸ししている、渋谷のある自助グループが会を閉じる際に祈っている祈りでもあります。地獄を見た人たちです。そしてその傍らにあって本来は自分たちのものではない、けれども代わりに祈る祈りに声を合わせて散会する。アメリカの神学者ラインホルト・ニーバーの祈りです。神の御心と人の思いの狭間で、崩壊しゆく家庭、共同体、故郷を抱えながら、混沌の中を歩む者の祈りとして。

神よ、
変えることのできるものについて、
それを変えるだけの勇気をわれらに与えたまえ。
変えることのできないものについては、
それを受けいれるだけの冷静さを与えたまえ。
そして、
変えることのできるものと、変えることのできないものとを、
識別する知恵を与えたまえ。

（大木英夫『終末論的考察』中央公論社、一九七〇）

2　聖書の前方に開ける「解放」の祈り

先にもご紹介した『詩編を祈る』の中でブルッゲマンは、聖書の祈りの言葉が、今を生きる私たちの自由闊達な想像力を養い、かつ私たちの祈りを鍛錬し、感覚を錬磨し、未だ見ぬ新しい命を呼び覚まし、神の賜る全き新しさに生きる者へと解き放つと述べています（特に第3章を参照）。

例えば、詩編23編を取り上げてみましょう。この祈りは静かな信頼に基づくものと言われます。この静けさと穏やかさは、苦しみと禍い（わざわい）と数々の悩みを経験した人、人一倍涙の味を知っている人、乏しさと苦しみによって鍛えあげられた者の神との出会いからにじみ出るものと言ってよいのです。

「死の陰の谷」を行く時も災いを恐れない……と詩人は歌います。北海道のトラピスト修道院の神父で髙橋重幸という聖書学者がいました。新共同訳聖書の翻訳にも関わった先生ですが、その方がこの「死の陰の谷」というのは地底の漆黒の闇のことだと書いておられます（『憩いの水のほとりに――詩編23の黙想』オリエンス宗教研究所、二〇一三）。鉱山の地底深く坑道を掘って銀や金、鉄や銅、鉱石を掘り出すという営みは、聖書の時代にも今の「パレスチナ」地方ではなされていて、ヨブ記の中には「銀は銀山に産し　金は金山で精錬する。鉄は砂から採り出し　銅は岩を溶かして得る。人は暗黒の果てまでも行き　死の闇の奥底をも究めて鉱石を捜す。地上からはるか深く坑道を掘り　行き交う人に忘れられ　地下深く身をつり下げて揺れている」（28・1〜4）と記されています。いつの時代にもあった鉱山労働者の過酷な労働の姿が浮かび上がってきますが、髙橋神父によれば、パレスチナの死海の南方に位置するアラバ平原に「ソロモンの鉱山」と呼ばれる広大な地域があり、何千年も前からそこでは大勢の奴隷が地下深く坑道に潜って大量の銅を含む鉱石を採掘していました。当時の銅は金に匹敵するほどに貴重なものでした。この鉱山からは生きて出ることはできないので、「死の陰の谷」と呼ばれていた可能性があります。そこは、一度入ってしまうと二度と帰ってこられない、一条の光すらさしてこない、全くの暗黒の地、無秩序だけが支配する暗闇でした。

二〇一〇年に起こったチリのコピアポ鉱山落盤事故で、地下深く七〇〇メートルに閉じ込められた三三人が約七〇日後に救出されたことを思い起こされる方もおられるかもしれません。現代の「死の陰の谷」「暗黒の闇」を歩んだ人たちのその後は様々に取沙汰されていますが、あの劣悪な環境と、いつ助けが来るかわからない絶望とわずかな食糧と暗闇の中で、最初の一八日間は地上との音信もなく、その後も困難を極める救出活動の中で、毎日一二時と午後六時に集まって祈り、秩序と希望を保ち続けたと言われています。この人たちが救出された時に着用していたTシャツには詩編95編4節の言葉「深い地の底も御手の内にあり　山々の頂も主のもの」がプリントされていたと言います。死の陰の谷を歩む人々は、主がその暗闇に共にいますことを、詩編の祈りの先に思い起こしていた人たちでありました。そして救出された一人が言った言葉が報じられていました。「地下にいたのは三三人ではなく、三四人だった。神が我々と共にいたからだ」と。

言葉を失った時に

詩人アン・ウィームズという方がおられます。独り息子が二十一歳の誕生日に無残に殴り殺されるという体験で言葉を失った詩人。それまで溢れて出ていた言葉の泉が涸れて、沈黙の闇にもだえ苦しむことになるのです。愛する息子トッド君の死によってもたらされた悲しみと苦しみを言い表しました。「一九八二年八月十四日、わが天空から星は落ちた。わが子、ああわたしのトッドは、二十一歳の誕生日を祝ったほんの一時間もたたない間に、殺された。一九八二年八月十四日の誕生日。今もなお、涙はとまらないのです」と。詩編はこの人にどのように寄り添い、悲しみに言葉を、その痛みに名を与えて、闇を切り裂くのでしょう。
詩人として言葉に長けていましたが、衝撃的な悲劇に見舞われて言葉を失いました。けれども嘆きの詩編に導かれて祈りの語彙を獲得し、嘆きを深めて言葉を回復していきました。そしてこんな詩を読むのです（Ann Weems, *Psalms of Lament*. Westminster John Knox Press, 1995）。

ああ、神よ、わたしの名をお忘れになったのですか？
いつまで、この嘆きの淵に捨ておかれるおつもりですか？
わたしは心から「ホサナ」とあなたを賛美してきた、これまでずっと
春先を彩る棕櫚の葉を振りながら
賜るものでみちたり、信じてあなたに従いとおして参りました。
そうしたら、そうしたらあいつらがわたしの愛する子を殺した！
さしたる考えもなく、憐れみのかけらもなしに、奴らは殺したんだ！
わたしは今、闇の中に座り込んでいます。
「ホサナ」が咽喉につかえたまま。
どうして棕櫚の葉を振ることなどできましょう？

どうやってイースターを望みみることなどできましょう？
ああ神よ、どうしてわたしをラケルと呼ぶのですか？
「激しく泣き叫ぶ声がラマで聞こえた」
それはこのわたしの声です！
ラケルは慰められることを願いません！
聞こえないのですか？
あなたの名はインマヌエルなのに
わたしのところには来てくださらないのですか？
一体いつまで待たなければならないのですか？
闇夜を照らす灯もない、この痛みの床で。
来てください、聖なる方よ！
あなたのシャロームを味わわせてください。
そうすれば、この淵であなたを賛美する声を見つけられるかもしれない。
「ホサナ」を引っ張り出してください、この乾ききった唇から
そうすればあなたの永遠の恵みを、ことごとく歌い上げることでしょう。

その時、わが神こそ、摂理をもってわが闇のうちに訪ねてくださる神であることを世は知るでしょう。

「ホサナ」と歌い、棕櫚の葉を無邪気に振るう人生は永遠に失われてしまった。愛する息子の余りに惨い死によって信仰は粉々にされ、「ホサナ」の声はのどにつかえたまま暗闇に留まるしかなかった。二一年間培ってきたトッド君との物語は永遠に閉じられ、これに代わる物語はありえないからです。

言葉を失ったウィームズに、旧約聖書の嘆きの詩編の詩人たちの祈りが寄り添います。そしてこの後、ウィームズは言葉を回復し、五〇編の嘆きの詩を編むようになります。決して時がたって悲しみや痛みが癒えたからではありませんでした。彼女はこう言うのです、「怒りとハレルヤはわが内に怒濤の如く渦巻いている。悲しみと笑いが隣り合ってわが心を占めている」と。けれども悲しみの言葉を語るものとされているのです。そしてウィームズは、新たな驚きへと導かれます。その時涙を流されるイエスのイメージを思い浮かべたというのです。

「主イエスは涙を流された。その涙をもって、主イエスは、嘆き苦しむ者の永遠の友となられた。イエスはいつも、そして今も伴い給う。主は涙を流されながら、涙を流す者の肩を抱いて言われる。『悲しむ者は幸いである。その人は慰められるであろう』と。悲しむ者と共に主はおられる。なぜってその名は神共にいます、なのだから。主イエスは涙を流された」

ここからウィームズの嘆きの調子が変わる。肉をとられ、涙を流され、痛みと苦しみ、そして死を身に負われた主イエスに改めてまみえて、変えられるのです。今なお涙は止まらないけれども、知っている。暗闇の中でたったひとりで涙を流しているのではない、ということを。未だに「ホサナ」はのどにつかえたままではあるけれども、聞いている。主イエスが悲しむ者と共に永遠に伴ってくださるということを。涙で目がかすむ、今でも。けれども、見ているのです。主イエスが十字架の上で嘆きの詩編を口にされる姿を。そして歌います。

「悲しむ者は幸いです。その人は慰められる」いつの日か、いつの日か、神は子を奪われて慰められることをさえ望まない母の目から、流れ落ちる涙をぬぐってくださる。神に見捨てられ、納得のいかない不条理に晒されながら泣く者たちと、その泣く者たちの傍らにあって共に泣く者たちの魂から、ハレルヤの声が湧き上がってくるのを聞くことになる。目を凝らせば、必ずや、神の御手が、彼らの空に星の輝きを戻しておられるのを見ることでしょう。一つ、また一つと。ここに新しい物語が始まります。

教会が告白する、十字架に死んで、陰府に下り、復活の朝日の中に立ち給う主は、エルサレムの滅びを嘆いて流された涙、汗を血のように滴らせて祈られた苦悩を刻み、釘打たれた御手と御足の傷も顕わに、死んで陰府に下られた御体をもってご自身のよみがえりを告げられました。まことの「悲しみの人」となられたこの方なしには見ることのできない惨状が今もあります。この方なしには聞くことのできない叫びがあります。この方なしには生きてゆくことのできない罪責があります。今、詩編に導かれて嘆きに耳を傾け、答えのない問いに留まり続けることを苦渋の中で可能とするのは、聖書を通して語られるこの方との出会い、その一事に尽きるのです。教会が「喜ぶ人と共に喜び、泣く人と共に泣き」(ローマ12・15)、「一つの部分が苦しめば、すべての部分が共に苦しみ、一つの部分が尊ばれれば、すべての部分が共に喜ぶ」(Iコリント12・26)のは、このキリストの故なのです。

まとめ

聖書の前方に広がる世界。それは私たちの生きている現実です。その現実に翻弄され、忙殺され、断片化されゆく己をなんとかつなぎ止め、手繰り寄せようとさまよう魂に、聖書の祈りは、新たに深みから私たちの現実を再形成し、再解釈し、再構成することを迫ります。聖書に問うて、聖書に問われ、解釈し、解釈されながら、祈りが、救い主を仰いで解き放たれた新しい境地へと沈潜していきます。神との出会いの深淵へと飛翔しゆく開かれた祈りの世界が広がるのです。

最後に、今日の混沌と憎悪に引き裂かれた現実の幕開けとなり、時代の分水嶺となった、一つの世界の崩壊の中で祈られた、聖書学者の聖書に根差した格闘の祈りを紹介して終わります。

痛みに貫かれ
怒りに震え
憤怒に包まれ
続いて、当惑と驚嘆とおそれ。
私たちの信仰生活は今、かの詩人たちの中にある
詩人は語る、
　剣を打ち直して鋤とし
　槍を打ち直して鎌とし
戦うことを学ばない、と。

だが影なる詩人は応える、私たちに命じて。

　鋤を剣に

　鎌を槍にせよ

　恐れるな！（ヨエル書４・10）と。

詩（祈り）は私たちに葛藤をもたらす、まさに今私たちがそうであるように

より研ぎ澄まされた心で、よりよく知ること

よく知ることは、しかし委ねることと。

ぶつかりあう詩（祈り）から、私たちを遠ざけないでください

　ぶつかりあう詩（祈り）こそ、私たちへの御言葉なのですから。

しかし私たちに、勇気と自由と信仰をお与えください……平和の君よ。アーメン。

（二〇〇一年九月十八日、「９・11」の後イザヤ書１〜２章を読んで。土肥研一訳）

(W. Brueggemann, *Awed to Heaven, Rooted in Earth*)

第2部

主の祈りに学ぶ祈りの世界

天にまします我らの父よ、
ねがわくはみ名をあがめさせたまえ。
み国を来(きた)らせたまえ。
みこころの天になるごとく
地にもなさせたまえ。
我らの日用の糧を、今日も与えたまえ。
我らに罪をおかす者を　我らがゆるすごとく、
我らの罪をもゆるしたまえ。
我らをこころみにあわせず、
悪より救い出(いだ)したまえ。
国とちからと栄えとは
限りなくなんじのものなればなり。
アーメン。

はじめに

　私は物心つく頃には既に教会に通っていましたので、「主の祈り」は、内容や意味もわからないまま口にしていました。高校生の頃には、兄が留学する前にアメリカの教会に行っても祈れるように、食事の前に家族全員で英語で主の祈りをするのにつきあっているうちに何となくリズムを覚えたものでした。問題は、余り意味を考えないで、ただ暗記していただけだったということでした。条件反射のように口をついて出てくる、そんな風に、どこか流れてしまっていた「主の祈り」が耳から口へと素通りせずに、魂に食い込んできたのは、随分後になってからのことでした。よく味わいもせずに飲み込んでしまっていた言葉を噛みしめ始め、祈りの言葉が祈りそのものに変わっていったのは。

　何とはなしに皆の真似をして口にしていた言葉によって、自分のものではなかった祈りによって、この「主の祈り」によって自分が変えられてゆくことに気づかされました。内なる人が日々新たにされてゆく（Ⅱコリント4・16）という意味を知るようになりました。祈りといえば周囲が変わることを願うものかもしれません。辛いことを早く過ぎ去らせてほしい、家族が皆健康で過ごせるように、悲しいことや苦しいことが起こらないようにしてほしい、等々。私の求めで始まり、私の望みで終わる。今でもそう祈ることはもちろんあります。

でも「主の祈り」は、そこで終わらない。私の求めも望みも超えてゆきます。超えゆく先に、「祈る時には、こう言いなさい」と、この祈りを一言一言嚙んで含めるように教えてくださったイエス・キリストの息吹きと語り口とまなざしに出会う、そのような祈りなのです。「主の祈り」を共に祈りながら、私たちはイエス・キリストに出会うのです。

天にましますわれらの父よ、ねがわくはみ名をあがめさせたまえ。

祈りの最初の言葉「天にまします我らの父よ、ねがわくはみ名をあがめさせたまえ」。まず、私たちの祈りのまなざしは天に向けられます。当然のようにも思われるかもしれません。けれども、私たちが祈る時に、しばしばまなざしが定まらないことを主イエスは痛みをもって知っておられ、言われます。「祈るときにも、あなたがたは偽善者のようであってはならない。偽善者たちは、人に見てもらおうと、会堂や大通りの角に立って祈りたがる」（マタイ6・5）と。祈りの目線があらぬ方向に向いて、よそ見をしてしまう。おのずから祈りの先にあるのは、そこで出会うのは、一歩一歩近づいて見えてくるのは、本来祈りが向かうべき方ではない。的を外して祈りは迷走する。救いの轍を外れてあらぬ方向へとさまよい出てしまう。だからイエス・キリストは言われるのです。「あなたが祈るときは、奥まった自分の部屋に入って戸を閉め、隠れたところにおられるあなたの父に祈りなさい」と。それはなにも密室をあえてこしらえて、戸を閉めて、そこにこもらなければ本当の祈りができない、とおっしゃっているのではないのです。大事なのは、まなざしを散らさずに祈ること、祈りの向く方向を定めること。それは、むしろどこででもできる。ここで思い起こす人がいます。

小田信人（のぶんど）（一八九六～一九八五年）という教育者です。聖学院神学校で牧師となるために学び、秋田で三年間牧師をしたあと、アメリカにわたって歴史と神学を学び、その後七年間現地の教会で牧師をされました。帰国してからは、母校に戻って教育に身をささげ、教育行政にも関わって義務教育で必修であった道徳科目の代わりにキリスト教主義学校では宗教を教えることができるよう尽力した人です。

この人を祈りの人とする出来事が起こったのは一九四五年四月のことでした。朝の八時ごろ、突然憲兵隊が小田先生の家を訪れて、出頭を求め、取り調べを受けた後、家に帰ることを許されずに留置所に入れられたのでした。連日の取り調べの中で、小田先生は、戦争の相手国であるアメリカにかつて九年間も滞在し、友人や知人も多いこと、職場であった聖学院がキリスト教主義であるため、「あなたの敵を愛せ」などと生徒たちに教えて戦意を失わせている疑いがあること、キリスト教は当時の日本の国のあり方と合わないものであることを理由に尋問が連日行われたのです。取り調べの時間以外は畳二畳の部屋に大人二人で、朝から夜まで話すことも禁じられて正座させられていたといいます。支給された毛布にはシラミがたかっており、夜になると南京虫が加わり、体も顔も腫れあがるほどに食われ、眠れないほどであったと。また取り調べ官は理由も無く暴力を振るい、侮辱し、キリスト教の信仰を攻撃し、小田先生を苦しめ苛みました。小田先生にとってアメリカにいたこと、そしてキリスト教の信仰は、これまでの人生そのものであって、それを理由に捕らえられ攻撃されたことは、人格を否定されるにも等しいことであったでしょう。けれども、打たれても罵られても小田先生は謙遜さを失わず、誠意を込めてキリスト教に対する偏見を解こうと教え諭したといいます。留置所では話すことも本を読むことも禁じられ、自由をことごとく奪われていましたが、小田先生は祈り続けました。日本のこと、学校のこと、同僚の先生方のこと、生徒たちのこと、友人のこと、家族のこと、次々と祈るべきことが湧き上がってきたというのです。ある時、ついに祈ることも禁じられます。そこで、先生は目を開けたまま祈りました。

後に、小田先生が無実であることが認められて釈放されますが、しばらくしてから先生はこう言われたというのです。

「私は憲兵隊で自由が奪われましたが、私から奪うことができなかったものがあります。それは祈りです。私は祈ることができました」と。

誰にも奪うことのできない自由、そこにある祈り。目を開けたまま、作業しながら、祈りの翼を駆って昇ることができる自由があった、と。小田先生のような過酷な状況ではありませんが、洗濯物を干しながら、まな板に包丁の音を聴きながら、職場に急ぐ風を顔に感じながら、満員電車に揺られて車窓に映る景色を見ながら、汗滴らせて労しながら……。祈ることはできる。それが密室の祈りなのです。

だれかに見られるためでも、祈っている自分を意識するのでもなく、どのような環境にあっても、祈りのまなざしを注ぐ相手を見失わない、その時、祈りは的を射るものとされてゆきます。ここで、イエス・キリストは「あなたがたが祈るときは、異邦人のようにくどくどと述べてはならない」とも言われる。くどくどと、言葉数が多い、というのは、言い換えれば当てずっぽうな、どこに神様がおられるのかがわからない時に、とにかく片っ端から知りうる限りの神の名を並べて祈り倒してゆくような祈りということです。人にそうした祈りをさせるのが何であるかを、イエス・キリストは自らを突き通されるような痛みをもって知っておられるのです。祈りという形はとっていても、その実、自分の言うことを聞いてもらう、そして望み通りに動くことを強いようとする、その通りにいかないならば、そんな神など信じるに値しないと見限る。神に祈りながら、自分が主となり、神を意のままに操る、私の求めで始まり、私の望みで終わる。神の語りかけには耳を傾けず、神の言葉に対する鈍麻が露わになるような祈りです。神の隔絶した聖性を前提としないインマヌエル信仰の危うさが忍び込む。それは聖書に登場する多くの人たちが陥ってきた過ちでもありました。たとえ異邦人でなくても。

「おのが罪深さを認め、全面的に信仰の従順に身を委ねるか、神の語りかけに逆らって自己の罪に留まるかの決断の前に立たされる。これがバルトの言う『危機』(krise)である。神の言葉(キリスト、福音)の前で、各人は全実存の危機(分岐点)に晒されるわけである」(岩島忠彦「信仰の危機、神学の危機?——神学の系譜から考える」、宮本久雄・武田なほみ編『危機と霊性

2010年上智大学神学部夏期神学講習会講演集』、日本キリスト教団出版局、二〇一一、195頁参照）

祈りに際して、向き合う神の御前で、常に人は滅びの危機に晒されていることを思い起こさせる人たちがいます。神の御声を聞くことは命を危険に晒すことであるとして畏れたモーセと長老たち（申命記5・23以下）、静かにささやく神の声を聞いてマントで顔を覆ったエリヤ（列王記上19・13）、神の前で「災いだ。わたしは滅ぼされる。わたしは汚れた唇の者。……しかも、わたしの目は、王なる万軍の主を仰ぎ見た」と聖なる方の前での俗なる者の滅びに打ちのめされたイザヤ（イザヤ書6・5）、そしてキリストの驚くべき御業を目の当たりにして「主よ、わたしから離れてください。わたしは罪深い者なのです」とひれ伏したペトロ（ルカ5・8）などがそうです。他方、この緊張と危機を忘れる時、神の言葉に鈍感になる時、霊的麻痺状態に陥った人々は、迫りくる危機をあたかも夢物語のように聞き、畏れを忘れて甘えに転じ、超越を幻想によって越境しようとあがき、ささげるはずの祈りは内に捻転するモノローグへと堕してゆき、危機に深く魂の礎を抉られておりながらも、セピア色の郷愁に逃避して、究極の滅びが息の根を止める寸前まで空しく安逸を貪り、危機のただ中で、空しい戯言をくどくどと述べて、霊的沈黙の内に永遠の忘却の彼方へと沈んでいってしまったのです。そのことを旧約聖書の預言者たち（特にエレミヤ）は激烈な語り口で語り継いできました。祈る相手を見失った、向かう方向の定まらない祈りの空しさが、祈りの深みを失わせ、内実を奪い、ついには祈る相手を見くびることにもつながっていく。そこに身を沈められ肉を裂かれ血を流されたイエス・キリストは語りかけられます。

「あなたがたの父は、願う前から、求めない先から、あなたがたに必要なものをご存じなのだ」と（マタイ6・8）。ここで言われているのは、もう一切祈る必要などない、神様は全部ご存知なのだから、ということではなく、私たちの望みに始まり、願いで終わるような祈り、通常、祈りだと思っている祈り、疑うこともなく思い込んでいる祈りなるもの、それはもう必要ない、ということです。祈りで病気が治るとか、願いがかなうとかではなくて、むしろ「祈ることそのものが救いだ」（本書36頁参照）という祈り、天にまします父なる神をのみ見上げる祈り、私たちの期待や願い以上に私たちの求めを満たしてくださる方に出会う祈りへと解き放たれてゆく道を、イエス・キリストは示しておられるのです。私たちの願いや望みのその先に、あるいは求めも希望も潰えたその後に、奪い尽くされた末に、それでも、いやそこでこそ本当に私たちと出会ってくださり、私たちの知らなかった時に、私たちがまだ罪人であった時に、私たちに代わって罪を負って死んでくださり、しかも死を打ち破って、私たちの絶望に終止符を打ってくださったキリストの一つ一つの祈りへ、十字架と復活のイエス・キリストの命の祈りへと招かれているのです。祈る時に、もうさまよわなくてよい、惑わなくてよい、イエス・キリストに招かれイエス・キリストを通して「天にましますわれらの父よ」と祈る時、私たちの祈りは、今や天へとまっすぐに突きぬけるものとされているのです。

み国を来らせたまえ。みこころの天になるごとく　地にもなさせたまえ。

次に、「み国を来らせたまえ。みこころの天になるごとく　地にもなさせたまえ」という祈りを通して、この祈りの先にイエス・キリストを仰ぎ見てまいりましょう。

「あなたの国を来らせてください」というのが原文です。マルコによる福音書では、イエス・キリストが発せられた最初の言葉として「時が満ち満ちて、神の国は近づいた」と語られたことが記されています（1・15）。ふと気づかされるのは、天国に行かせてください、とかあなたの御許に行かせてください、という祈りではないということです。私たちが神の国に、天国に向かって階段を上ってゆくのではなく、むしろ神の国が到来することを、神の支配がこの世界に実現することを遥かに望み見る祈りだということです。

聖書が伝えている天の国、神の国とは、私たちが思い描くユートピアや、架空の、どこか遠くにあって憧れる理想郷のことではない。そうではなくて、どこか遠くにではなく、むしろイエス・キリストによって「時が満ちて」「近づいた」もので、私たちの間に、私たちのただ中に既にあるものだ、とも言えます。ルカによる福音書でイエス・キリストご自身が、「神の国は、見える形では来ない。『ここにある』『あそこにある』と言えるものでもない。実に、神の国はあなたがたの間にあるのだ」（17・20～21）とも言われている通りです。

どこにもない場所ではなく、ここにある場所、いつか行くのではなく、既に今来ている、と言われる神の国がイエス・キリストと共に私たちの世界に突入している、そう聖書は語り、「主の祈り」は祈り続けるのです。神の支配から程遠いと言うしかない悲惨に見舞われている世界のただ中で。

人の命を家畜を屠るように掻き裂き、血で血を洗う恐怖で人の心をねじ伏せる者の世界、殺された後もネット上でいたぶられる者の世界、いじめぬかれる生き地獄の毎日の中で、肉体にも心にも痛みと重荷を負わされて、優しかった心をへし折られ、痛めつけられ、お前の住む世界はそっちではない、との声が疲れ果てて凍えた心に突き刺さるのを、もう振り払う力も残っていない者の世界がある。踏みにじられ、見捨てられ、戦いと争い、醜さと不条理に満ち満ちた世界がある。天国から、神の支配からは遥かに隔たった世界。まさに地獄と形容する方がよい中にあって。イザヤ書63章は今から遡ること約二五〇〇年前、主イエスの時代からも五〇〇年前の預言者の祈りです。改めて今、この世界のただ中での祈りとして噛みしめてみましょう。

「あなたの統治を受けられなくなってから　あなたの御名で呼ばれない者となってから　わたしたちは久しい時を過ごしています。どうか、天を裂いて降ってください」（19節）

この祈りは、「み名をあがめさせたまえ。み国を来らせたまえ」との「主の祈り」と響き合うのです。そして聖書は、神の子が、「天を裂いて降って」こられたことを証するのです。

マルコによる福音書の最初と最後に天が「裂け」たことが書かれています。1章9節にはイエス・キリストが洗礼を受けられた場面が記されていますが、そこで「天が裂けて」霊が鳩のようにイエス・キリストに降って来るのをご自身、ご覧になったとあり、天と地を隔てる超越がイエス・キリストにおいて破られ一つとされたこと、永遠が歴史に介入したことが証しされます。そして最後、十字架でキリストが息を引き取られると、ここでも神のいます所と人の居る所を地上において象徴的に隔てていた神殿の垂れ幕が上から下まで真っ二つに「裂けた」（15・38）と記され、キリストの十字架によって神と人、天と地を隔てていた中垣が破られて和解が成立したことが証しされます。他にもフィリピの信徒への手紙にこのように書かれています。「キリストは、神の身分でありながら、神と等しい者であることに固執しようとは思わず、かえって自分を無にして、僕の身分になり、人間と同じ者になられました。人間の姿で現れ、へりくだって、死に至るまで、それも十字架の死に至るまで従順でした」（2・6〜8）と。高い高い所におられた、神に等しいキリストが、天を裂いて、低く低く僕の姿にまで身をやつし、いじめぬかれ、痛めつけられ、捨てられ、最後には十字架という、最も酷い仕方で殺された。けれどもこのキリストが、天から一番遠い所にまで下って、神いまさぬ陰府までも神います所、神がおられる場所としてくださった。そこを神の国としてくださったと語るのです。

数年前のことです。尊敬する私の親戚の一人が、五十一歳の若さで肺がんのために世を去りました。当時、遺された三人の子どもはまだ未成年で、大学一年生と高校二年生と小学校五年生でした。その方は自分ががんであり、残された命の日々が短いことを知って、子どもたちに自分ですべてを告げて闘病生活に入ったと聞きました。息をするたびに咳き込むようになり、十分に酸素が体に行き渡らない苦しみの中で、その人は最後まで他の人のことを神に祈っていたと聞きました。特に病気の友人や親戚の私たちのことを。

その方が亡くなる数時間前に病室を訪ねました。すっかり変わり果てた姿に圧倒されながら、いろんな家族の思い出、寂しさや悲しみがつのりましたが、しばし聖書を読み、共に祈ったその場所は、不思議な平安に包まれていました。二人、三人がイエス・キリストの名によって集まるところにキリストも共にいます、という言葉（マタイ18・20）の通り、そこは神の慰めと愛の支配する、神の国だった。

聖書が語る神の国の美しさは、決して統率の行き渡った、調和のとれた美しさを誇るものではないかもしれません。むしろ私たちの想像する天国の美しさからは最も遠いものと言えるでしょう。けれども美しいという漢字の意味はもともと激しいものだと今道友信という哲学者が言っているのです。美しいという漢字は羊が大きいという意味がある。その羊とは犠牲の羊を指している。払うべき犠牲がきわめて大きくて、規格を脱し、己自身が滅びるほどに大きい時に、犠牲の羊が大きいという構造の「美」という言葉が出てくる。美しい心というのは、他人のために己の命をささげても悔いないという心だ、と（『美について』講談社現代新書、一九七三）。主の祈りで私たちが祈りの先に仰ぎ見るのは、大きな犠牲を払って私たちの魂の礎となるために低きに下り、地の果てまで、陰府の深みまで、神いまさぬ深淵にまで下ってくださったキリストの御業、そこに示された徹底的に謙（へりくだ）る神の「美しい」姿です。

もう一つご紹介したい証しがあります。それは一九七九年にノーベル賞を受け、二〇一六年にカトリック教会の聖人に列せられたマザー・テレサの言葉です。マザー・テレサはキリスト教の修道女で、インドに渡り、生涯、インドのコルカタ（カルカッタ）の街で、悲惨と、見捨てられた人と、死と向き合いながら生きました。それこそ天国というイメージからは一番遠い場所で、彼女の魂は信仰の暗夜の試練を知っていました。にもかかわらず、彼女はすべての人に神のほほえみを与えました。彼女はある本の中でこう述べています。「私たちは神がおられる楽園に行くことを待ち焦がれています。けれども、私たちは今、ここから、楽園にいることができます。神のように愛すること。神のように人を助けること。神のように与えること。神のように仕えること。神と共にいる幸いとは、このことなのです」（『自分を人に与える喜び』*La gioia di darsi agli altri*, Ed. Paoline, 1987, p.143. 参照＝http://www.cbcj.catholic.jp/jpn/feature/benedict_xvi/bene_message271.htm）。

私たちのまわりには確かに地獄があります。いさかいや行き違い、許せない思いが渦巻く中で地獄を生きてしまうことがある。けれどもその地獄のただ中に下る神の美しさがあること、十字架に死んで御国にあって永遠の生命を約束された復活のキリストの御業によって今、ここで楽園にいる可能性へと招かれていることを覚えたい。キリストによってもたらされ、終わりの日に完成される御国の中を、歩み出すものでありたいと思います。

「み国を来らせたまえ。みこころの天になるごとく　地にもなさせたまえ」という祈りを通して、この祈りの先にイエス・キリストを仰ぎ見てまいりましょう。

我らの日用の糧を、今日も与えたまえ。

「我らの日用の糧を、今日も与えたまえ」、私たちに必要な糧を今日、与えてください。主の祈りでそう祈る時、またこの祈りを教えてくださったイエス・キリストを仰ぐ時、私たちは、分け隔てなく食卓を囲まれ、親しい人たちとも、ご自分に反感を抱いている人たちとも、つまはじきになっている人たちとも糧を共にされたイエス・キリストと出会うことになります。誰とでも喜びの食卓を楽しまれ、交わりを愛された様子を聖書は証ししています。マタイによる福音書の11章19節を読むと、聖書の時代の口さがない人たちが「見ろ、大食漢で大酒飲みだ。徴税人や罪人の仲間だ」と噂したというほど、イエス・キリストが大いに団らんを楽しまれたことが伺われます。14章では男性だけでも五〇〇〇人を数える人々と食卓を囲まれます。五つのパンと二匹の魚を持ってこさせ、草の上にみなを座らせて、その五つのパンと二匹の魚を取り、「天を仰いで賛美の祈りを唱え」、パンを裂いて、配らせると皆が満腹し、残ったパン屑が一二のかごに一杯になったとあります。喜びがはじけていたことでしょう。

そしてその食卓の喜びの中心に祈りが、賛美と祝福の祈りがあったことに気づかされます。食事と祈り。クリスチャンホームに育った人たちには馴染み深いかもしれませんが、毎食食事の前に祈りをささげてからいただく習慣があります。備えられた糧が神によって祝福されることを、そしてその聖なる食事によって体だけでなく、魂も健やかならんことを、朝ならば午前中の、昼ならば午後の、そして夜ならば次の日までの、与えられている時を歩みとおすことができるよう霊肉ともに力づけられることを祈ります。ただしこのような、食事を祝福の喜びで満たす祈りが、日本ではもちろんですが、いまだに多くのクリスチャンがいるアメリカでも珍しいものとなって久しいことを一人の画家が描き出しています。

一九五一年の『サタデーイヴニングポスト』誌・収穫感謝特別号の表紙にノーマン・ロックウェルが描いた「食前の祈り（Saying Grace）」という作品があります。ご覧になったこともあるかもしれませんが、レストランの雑然とした店内のテーブル。床には旅行の荷物が置かれ、相席となった二人の若者はたばこをくゆらせ、怪訝な表情で見つめるその先に、きちんとした身なりの年輩の女性が胸の前で手を合わせて頭をたれ、その脇で椅子の端に座って、よそ行きのシャツとズボンをはいた孫でしょうか、少年が後ろ姿で、女性の方に少し首を傾けて祈りを合わせている。周りの客も何か珍しいものを見るかのような視線を向けている、そんな作品です。不思議な安らぎと失われてしまった聖なる時への憧れが漂うこの作品は、二〇一三年にロックウェルの作品の中で史上最高の値がついたと報じられました。その人気の陰には、食卓の祈りが奇異なものとなってしまった現代への哀しみが覗くのです。

私自身かつてアメリカで聖書を学びましたが、そんなアメリカでの生活の一コマに、今でも忘れえない記憶が刻まれています。ケニアから学びに来られた牧師と共にアメリカ中西部の教区の集まりに学校を代表して招待され、レクチャーしたことがあります。帰路についた際、飛行機の遅延で到着が深夜になったので、私たちの家に立ち寄って一泊してもらい、翌朝食事を共にしました。その方が食前に祈ってくださったのです。一言一言噛んで含めるようにゆっくりと「この糧を祝してください、この糧をもってこの家庭を聖別してください。与えられているそれぞれの務めと命を全うするために」、と。私も留学生でしたから目の前にあったのはお世辞にもご馳走ではありませんでした。一週間の旅のあとでしたから、ありあわせのもので、量も十分ではなかったのですが、本当に恵み豊かな食卓となりました。祈りによって食卓が整えられ、喜びとされる、イエス・キリストの食卓を追体験するような出来事でした。

「我らの日用の糧を、今日も与えたまえ」と祈る時、賛美の祈りをささげて糧を分けられたイエス・キリストの聖なる食卓が思い起こされ、そこへと招かれるのです。たとえコンビニで買ってきたサンドイッチ一つであっても、たとえテレビの前での一人のお昼であっても、たとえもはや固形のパンも喉に通らず時間が来ればチューブを伝って胃に流し込まれる流動食であっても、移動中のホームで掻き込む立ち食いであっても、日用の糧の祈りの内にある時、そこは主共にいます食卓とされ、聖なる糧とされうる。そのような招きの祈りなのです。私たちの体に入るものは清い（マタイ15・11）と主は言われました。私たちの食事が、単なる生命維持のためのビタミンや栄養素、カロリー源に終わらない。清さをもって魂の味わいとされてゆく。

このことは、イエス・キリストが、空腹の極みにおいて、神の子ならいっそのこと石をパンに変えて空腹を満たせばいいではないか、というささやきに対して、旧約聖書の申命記8章3節「人はパンだけで生きるのではなく、人は主の口から出るすべての言葉によって生きる」という言葉をもって退けたことに証しされたことでもあります（マタイ4・4）。生命維持のための食事に留まるならば、それは肉体を生かすことはできても、魂を生かすものにならない。肉体の飢えは満たされても霊的な飢えは空しいまま残る。糧が真の清い糧となるのは、そこに神の言葉が宿り、主の祈りによって聖なるものとされ、主の食卓へ、イエス・キリストとの喜びの出会いへと連ねられる時なのです。ヨハネによる福音書では、イエス・キリストご自身が「わたしが命のパンである。わたしのもとに来る者は決して飢えることがなく、わたしを信じる者は決して渇くことがない」と言われたと証しされています（6・22以下）。

目の前の今を生かす糧が、主の祈りを通して、今の次に来る時、朝ならば午前中の、昼ならば午後の、夜ならば明日の、そしてさらに私たちにとっての究極的な明日、この世の命が黄昏に近づく時はるかに仰ぎ見る御国の明日へと生きる糧とされてゆく。聖餐の食卓は、小さなパンとわずかな杯を分かち合います。けれどもそれは、この祈りを教えてくださっているイエス・キリストが、地上でなさった最後の食卓で賛美の祈りを唱え、分けられたパンと杯を思い起こしながら、またエマオに向かう途上で弟子たちと家に入り、パンを取り、賛美の祈りを唱え、分けられたパンを仰ぎ見ながら、いただく食事です。それは私たちのために十字架にかかって罪を贖い、復活して死を滅ぼし、共に食事をされたキリストに連なる食卓なのです。そして私たちの肉体がもはや維持されえなくなる時の先に、神の御許で、イエス・キリストを囲んで味わう新しい命の食卓を望み見ることへと招かれていることを喜ぶ祈りなのです。

我らに罪をおかす者を　我らがゆるすごとく、我らの罪をもゆるしたまえ。

「主の祈り」の中でも、特に激しく心を揺さぶり、魂を掻き立てる祈り、「我らに罪をおかす者を　我らがゆるすごとく、我らの罪をもゆるしたまえ」を通して、イエス・キリストの御姿を仰いでまいりましょう。

惨い仕方で捕虜とされたジャーナリストが殺害され、中学生が真夜中に川べりで、障がい者が施設でなぶり殺され……。昨今、この祈り、我らに罪をおかす者をゆるすということが、どんなに耐え難く、また胸掻き裂かれんばかりの思いに駆られるかを、いやというほど味わされる事件や出来事に見舞われています。

この祈りを真正面から捉えて心をこめて口にしようとする時、戸惑いと躊躇を覚えない人はいないのではないかと思わせられます。私たちに罪を犯す者を赦したように……。私たちに対する負い目を棒引きし、貸しを帳消しにしたように……。いや、まだ赦していないではないか、なしになどしていないし、帳消しにもできないでいる、今でも思い出せば怒りに震え、くすぶっていた憎しみの炎は一気に燃え滾（たぎ）る、そのような自らの姿を直視させられる、ここはくぐもった声でさっと通り過ぎてゆきたい、けれどもそうすることに一層の後ろめたさが湧き上がる。赦してもいない自分が赦してくださいなどと祈れないと思わせられる。

では、イエス・キリストは、そのような躊躇や後ろめたさを味わわせるために、この祈りをお教えくださったのでしょうか。そうではないでしょう。これまで主の祈りを紐解いてまいりましたが、そこで共に味わったこと、それは主の祈りが祈る者をキリストへと導き、キリストと出会わせ、キリストの救いを味わわせる祈りだということでした。祈りで願いがかなうということではなく、祈ることそれ自体が救いとなる祈りだということでした。もちろん自らの内なる闇を知る知識も、聖書、特に旧約聖書を読むことで深みをもって迫ってきます。だがそれと同時に聖書は、旧新約聖書両方ともに救いを知る知識の香りを告げているのです。

ではこの赦しを祈る祈りを通して、どのような救いを知るのでしょうか。イエス・キリストのいくつかの言葉と御業を通して味わってまいりましょう。

まず、この祈りで「罪」と訳されている元の言葉には、「罪」そのものを言い表す言葉ではなく、経済の用語でもある「負債」「負い目」「借り」「債務」といった言葉が使われています。

意味するところは罪の赦しなのですが、お金の貸し借りの用語を用いてわかりやすくイエス・キリストはお教えになられたのかもしれません。「罪の赦し」について債務の帳消しを例に語られることもあります。例えばマタイによる福音書18章21節以下では、弟子のペトロがイエス・キリストのところに来て「主よ、兄弟がわたしに対して罪を犯したなら、何回赦すべきでしょうか。七回までですか」と聞きます。その問いへの答えは「あなたに言っておく。七回どころか七の七十倍までも赦しなさい」というものでした。赦すということは、一回、二回……と数えながらやることではない。字義通り四九〇回赦せばいいというのではなく、徹底的に赦し尽くせということですから、ペトロはあっけにとられたことでしょう。七回赦すことでも大変なのですから。イエス・キリストは、そこで続けてこのようなたとえ話を語られたのです。

「天の国は次のようにたとえられる。ある王が、家来たちに貸した金の決済をしようとした。決済し始めたところ、一万タラントン借金している家来が、王の前に連れて来られた」と。

罪の赦しについて語られる時に、貸したお金の決済のたとえ話を用いられています。王は神のことを指していますが、一万タラントンという額は、かなりのものです。一タラントンが労働者が勤続二〇年弱で受け取る給与に匹敵しますので、その一万倍となれば、数千億円分の借金、一生かけても償いきれない膨大な借金を抱えた家来が王の前に連れてこられたという状況です。たとえ話は続きます。

「しかし、返済できなかったので、主君はこの家来に、自分の妻も子も、また持ち物も全部売って返済するように命じた。家来はひれ伏し、『どうか待ってください。きっと全部お返しします』としきりに願った。その家来の主君は憐れに思って、彼を赦し、その借金を帳消しにしてやった」

償いきれない天文学的数字の借金を前になすすべもなく、債権者である主君にただ願うしかなかった家来。たとえ話の中で、「その家来の主君は」とある通り、疎遠なドライな関係ではなく、これまで培ってきた関係からも主君は家来を憐れに思う。腸ちぎれんばかりに痛みを覚え、いてもたってもいられないほどの思いをもって彼を赦し、債務を帳消しにしたというのです。それが「我らの罪を赦したまえ」という祈りを聞かれる神の姿です。七の七〇倍をはるかに超えて、徹底的に赦し尽くされる、ということです。債務に押しつぶされ借金で首の回らない人生から家来を解き放つために、主君は、膨大な債権を放棄して、自らの懐に大穴をあけるほどにまで愛されたのです。

たとえ話は続きます。「ところが」と。

「ところが、この家来は外に出て、自分に百デナリオンの借金をしている仲間に出会うと、捕まえて首を絞め、『借金を返せ』と言った。仲間はひれ伏して、『どうか待ってくれ。返すから』としきりに頼んだ。しかし、承知せず、その仲間を引っぱって行き、借金を返すまでと牢に入れた」

仲間が家来に負っていた債務は一〇〇デナリオン、それは労働者の賃金一〇〇日分です。負債を抱えた仲間も「ひれ伏し」懇願し、「しきりに頼んだ」。けれども承知せずに牢に入れてしまった。確かにこの家来は何も間違ったことはしていない。貸した金を返すよう請求しただけです。正当性は債権者である貸し手にあります。ただ明らかにいびつな姿が浮かび上がるのです。それはイエス・キリストご自身が「赦しなさい。そうすれば、あなたがたも赦される」（ルカ6・37）と語られる中でなさった、もう一つのたとえ話に出て来る人の姿と重なります。ルカによる福音書6章41節以下ですが、兄弟の目にあるおが屑は見えるのに、自分の目の中の丸太に気づかず、兄弟に向かって「あなたの目にあるおが屑を取らせてください」という人の姿が記されています。兄弟の小さな汚点や罪を指摘する正しさを持っているのに、実は遥かに大きな破れや過ちに覆われてしまっているという滑稽な悲しさを、鋭く抉り出すたとえです。

遥かに大きな負債を帳消しにされていながら、仲間の負債を帳消しできなかった。債務を棒引きするという、その痛みに耐えられなかった。自分の懐を痛めることはどうしても我慢ならなかった。それは言い換えれば、罪をおかす仲間を赦すことができなかった、どうしても、ということです。「我らに罪をおかす者を我らがゆるす」ことができない姿です。これを見ていた仲間たちは非常に心を痛めて、主君に一部始終を告げます。すると主君は家来を呼びつけて「不届きな家来だ。お前が頼んだから、借金を全部帳消しにしてやったのだ。わたしがお前を憐れんでやったように、お前も自分の仲間を憐れんでやるべきではなかったか」（マタイ18・32～33）と叱責して、牢役人に引き渡した。そしてイエス・キリストは「あなたがたの一人一人が、心から兄弟を赦さないなら、わたしの天の父もあなたがたに同じようになさるであろう」と言われた。

心から兄弟を赦す、我らに罪をおかす者を我らが赦すことの大前提に、憐れみをもって自らの懐に大穴をあけ、天文学的な損失を蒙ることを受け入れられ、徹底的に赦し尽くされる神の大いなる喪失があった。そのことを神の独り子であるイエス・キリストご自身が、十字架の上で啓示されるのです。

ルカによる福音書23章26節以下の証しを紐解いてみましょう。イエス・キリストのほかに二人の犯罪人が一緒に死刑にされるために引かれてゆき「されこうべ」と呼ばれている場所で十字架につけられます。犯罪人に左右をはさまれて（23・32～33）。イエス・キリストには十字架刑という極刑にあたるような罪がないことは、この処刑を了承したローマ総督ピラトをはじめ一緒に十字架につけられている一人も認めています（23・41）。ピラトはそれまで何度も「わたしはこの男に何の罪も見いだせない」と繰り返しますが（23・4、14〜15、22）、十字架につけてしまえ、という群衆の熱狂に押し切られるようにして、あべこべに扇動と殺人の罪で本来十字架にかけられるべき国家に対する犯罪者を釈放して、自らを神の子とし、神を冒瀆したというだけの理由で訴えられたイエス・キリストを極刑に処してしまうことになるのです。イエスを訴え出た人たちも、正しいことをし、神を重んじている、正しいことを行っていると確信していました。神をかたるイエス・キリストをどうしても赦せなかったのです。神に代わって成敗しているつもりでした。正義を振りかざし、赦さぬ思いのその奥に、しかしあったのは、赦されねばならないはずの、そして遥かに大きく赦されていながら、凍てついた魂で仲間を、兄弟を、そして神さえも裁く的外れな姿でした。

十字架の上でイエス・キリストは言われます。「父よ、彼らをお赦しください。自分が何をしているのか知らないのです」と。

自分が本当は何をしているのか知らないまま十字架に追いやった、このキリストの執り成しによって私たちは赦されました。我らの罪を赦したまえと祈る祈りに応えてくださった神が払われた代償は途方もない損失であり、神の懐にかけがえのない欠落をもたらし、徹底的な赦しであったことを知るのです。「実にキリストは、わたしたちがまだ弱かったころ、定められた時に、不信心な者のために死んでくださった」「わたしたちがまだ罪人であったとき、キリストがわたしたちのために死んでくださったことにより、神はわたしたちに対する愛を示されました。それで今や、わたしたちはキリストの血によって義とされたのですから、キリストによって神の怒りから救われるのは、なおさらのことです。敵であったときでさえ、御子の死によって神と和解させていただいたのであれば、和解させていただいた今は、御子の命によって救われるのはなおさらです」とローマの信徒への手紙5章でパウロが語っている通りです。

「我らに罪をおかす者を我らがゆるすごとく」と祈る時、私たちの赦す赦さないに遥かに先立って、まず「ふところにいる独り子である神」（ヨハネ1・18）を与えるほどにこの世を愛され、信じる者が一人も滅びないで永遠の命を得るために御子を世に与え（ヨハネ3・16）、徹底的に赦し尽くした神と出会うのです。そして十字架の上で赦しと執り成しをされるキリストの姿を仰ぐのです。その時、私たちは感謝をもって知るのです。もう赦さない者ではなく、赦す者へと召されていることを。

我らをこころみにあわせず、悪より救い出したまえ。

「我らをこころみにあわせず、悪より救い出したまえ」、この祈りを通してイエス・キリストとの出会いを味わってまいります。私たちを誘惑にあわせることなく、悪から救ってくださいと祈ることを教えてくださったイエス・キリストとはどのような方なのか。

試み、試練、そして誘惑、さらには悪の力のすさまじさを身をもって知っておられた方と言えます。救い主と聞けば、超然として何事にも動じない、苦悩や艱難を超越された方のようなイメージで捉えられるかもしれませんが、聖書では「(イエス・キリストは)わたしたちの弱さに同情できない方ではなく、罪を犯されなかったが、あらゆる点において、わたしたちと同様に試練に遭われたのです」(ヘブライ4・15)と証しされています。罪以外はあらゆる点において私たちが日々晒されている試練を味わい尽くされた、と。罪というのは、神との関係が破れた状態、本来あるべきはずの的をはずした生き方をしている状態ということですから、神の子であるイエス・キリストが罪の状態にはないことは当然ですが、それ以外についてはことごとく私たちの受ける試練に、人には言えず一人抱えている苦悩さえも、その身に負われたと。このイエス・キリストは、神の教えを語り始められ、伝道を始められる直前に誘惑と試練を受けられたと聖書は証ししています。例えばマタイによる福音書4章の冒頭を開いてみましょう。

そこに描かれているイエス・キリストは四〇日間の断食の後に空腹を覚えられます。誘惑する者が来て「神の子なら、これらの石がパンになるように命じたらどうだ」と最も弱っている脆い部分に触れてくるのです。飢えきっている時、傍らに生えている草でもなんでも腹を満たすためならば欲する。草だけではない石にでもかじりつきたい。命のためならば理性や恥などかなぐり捨ててでも、そぎ落とされて露わになった本能に身を委ねて命を貪るものとなりうる。とくに極限状況の中で人は人であることを保てなくなることを、アウシュヴィッツや広島、長崎などを生き延びた人たちの証言に私たちは聴いてきました。また旧約聖書の中にも紀元前六世紀に起こったバビロン捕囚によって崩壊した街のただ中で飢えに苦しみながら生き延びた人たちの姿が記されています。例えば哀歌1章11節「彼女の民は皆、パンを求めて呻く。宝物を食べ物に換えて命をつなごうとする。『御覧ください、主よ　わたしのむさぼるさまを見てください。』」と叫びながら。宝物、それは別の聖書箇所では「子ども」を暗示して使われることもあります。自分の子どもを差し出してでもパンを求め、命をつなぎながら、その獣のような自らの姿を、その貪る姿を見てください、と叫ぶしかない。２章20節では「主よ、目を留めてよく見てください。これほど懲らしめられた者がありましょうか。女がその胎の実を　育てた子を食い物にしているのです」と嘆くのです。ここまでして生き延びた後、蝕まれた魂は満たされるのか。肉体的にも精神的にも霊的にも飢え渇いた壮絶な問いを抱えて生きる者の叫びが哀歌には刻まれています。

おそらくキリストはこのような極限の飢えを、欠乏の極みを、聖書の哀歌を通し、ご自身の断食を通し深く知っておられたことでしょう。いくつかの石をパンにかえることなど、造作もないことだった。けれどもそれを食べても決して癒されない飢えがある。満たされない欠けがある。蝕まれた命がある。だからイエス・キリストは空腹の極みにあえて留まられて言われるのです。人間の奥底にある本当の欠けは、飢えは、渇きは、パンを食べて、腹を満たし、欲求を遂げても、決して完全に癒されるものではない。「人はパンだけで生きるものではない。神の口から出る一つ一つの言葉で生きる」と。

さらにイエス・キリストが受けられた誘惑と試練は、聖書の言葉を引いてなされるのです。「神の子なら、飛び降りたらどうだ」、ほら聖書の詩編91編にも「神があなたのために天使たちに命じると、あなたの足が石に打ち当たることのないように、天使たちは手であなたを支える」と書いてあるのだから、と。神の口から出る一つ一つの言葉によって生きる、と言ったではないか、間違いなく神の言葉である聖書が約束しているのだから、その通りにならなければおかしいではないか、と。ここでの誘惑は何かと言えば、神を試すという誘惑です。神を試して合格すれば信じてやるが、こちら側の納得が得られないようならば信じてやらない、そのような、巧みなロジックに引き込もうとするささやきなのです。主導権はこちらにあるのだと思わせて神をも意のままにしようとする思いをくすぐるのです。

それはイエス・キリストが十字架につけられた時、通りかかった人たちやリーダーたちの馬鹿にして嘲った言葉に表されます。「神の子なら、自分を救ってみろ。そして十字架から降りて来い」「他人は救ったのに、自分は救えない。イスラエルの王だ。今すぐ十字架から降りるがいい。そうすれば、信じてやろう。神に頼っているが、神の御心ならば、今すぐ救ってもらえ。『わたしは神の子だ』と言っていたのだから」と（マタイ27・40、42〜43）。「神の子ならば飛び降りたらどうだ」。本当に神の子であることを証明するためならば飛び降り、十字架から降りて有無を言わせず信じさせることもできたけれど、それでは成就しない聖書の約束がある、それでは救われない命がある、すべてを否定し尽くす死がそのまま残る。だからイエス・キリストは、自分を救うためではなく、他人を救うために、死を死に切って徹底的に救い切るために、十字架の死の極みに留まられたのです。このキリストは十字架の上から飛び降りることなく、「あなたの神である主を試してはならない」とも書いてあると言われたお方なのです。

試練は襲い続けます。世のすべての国々とその繁栄ぶりを見せたうえで、「もし、ひれ伏してわたしを拝むなら、これをみんな与えよう」とサタンはイエス・キリストに迫ります。ここでささやかれているのはサタンを礼拝するかどうかということよりも、その結果もたらされる富と繁栄を何にもまして求めるかという問題であることに気づかされます。すべての国々と繁栄を手に入れるためならば、神を神としないことも厭わない。先ほどのささやきと同様、巧みに神と富を比較可能ででもあるかのように並べて見せるのです。イエス・キリストは鋭くその問題を見据えて、申命記6章の言葉をもって、ささやきを退けます、「退け、サタン」と。申命記6章4節以下には「聞け、イスラエルよ」で始まる大事な言葉が記されていますが、10節以下にイエス・キリストが誘惑を退ける際に引かれた言葉が出てまいります。そこには歴史を貫いて約束を果たし与えると誓った土地、自分たちで建てたのではない美しい町々、自ら満たしたのではない、あらゆる財産で満ちた家、自ら掘ったのではない貯水池、植えたのではない果樹園を与え、何よりも奴隷の縄目から解き放って苦しみの極みから救い出してくださり、切っても切れない関係を培ってきた神が証しされ、だから「あなたの神、主を畏れ、主にのみ仕えよ」と語られているのです。数々の富は、この関係を生きてこられた神の救いの御業の中で与えられてきたものであって、自由な神そのものと並び立つものでは到底ない、と。富に支配され、繁栄に目を奪われていつしか奴隷のように生活のすべてをがんじがらめにされることが、いかに悲しく、的を外した生き方であるかを知っておられたイエス・キリストは、私たちを真の自由へと解き放つために、試み、試練、そして誘惑、さらには悪の力のすさまじさに、私たちと同様、私たちと共に身を晒されたのです。

その上でこの祈りを教えてくださっている。「我らをこころみにあわせず、悪より救い出したまえ」と祈りなさいと。ここで祈られているのは、キリストに倣って、試みに果敢に挑んで、悪に打ち勝ち、これを退けさせてください、というのではありません。やや意外な感を否めないとも言えますが、むしろ試練にあわせないでください、試みに出会うことを避けさせ、逃れの道を備えてください、という祈りです。立ちはだかる試練の壁に真正面から戦いを挑むのではなく、強行突破するのでもなく、またこれを乗り越えてゆくのでもない。むしろ迂回し、くぐり抜け、時に退きながら生き延びる道を求めさせるのです。試みにあわないで生きることを祈る者へと招かれるのです。

相手の本当の力を知らない時、人は前のめりに勇猛果敢になりがちです。相手を本当に知る時、慎重にならざるを得ない。従軍経験のない政治家が前のめりに声高に軍事介入を唱える中、最後まで躊躇し、説得を試みながら、軍事作戦はすべての手立てが潰えた最後の手段として、外交に奔走したのは、むしろ百戦錬磨のかつての参謀総長を務めた軍人であったということもあります。戦いになって傷つき死ぬのは兵士であるから、戦場の悲惨を知る軍人こそ戦争による正面突破ではなく、なんとかそれを回避しようとしていた姿が印象に残りました。

誘惑の本当の怖さを知るほどに自分が問われます。悪のすさまじいばかりの脅威に立ち向かうほど、私たちは悪を知っているか、また罪を見据えてなお冷静に対峙しうるのか。聖書は人の現実を鋭く抉ります。「あなたがたはまだ、罪と戦って血を流すまで抵抗したことがありません」（ヘブライ12・4）と。罪と正面切って戦い、命がけの激しい抵抗などしたことがない。けれどもイエス・キリストは、聖書によれば、「恥をもいとわないで十字架の死を耐え忍び」（ヘブライ12・2）、徹底的に試みにあわれ、混沌と悪の力に立ちはだかられたのです。私たちに代わって。私たちの前で、私たちのために。

試みにあわせないでください、と祈ることができるのは、耐えられない試練にあうことがないように、それに耐えられるよう、逃れる道を備えるために（Iコリント10・13）、真理と命の道そのものとなられたイエス・キリストが、飢えと渇きと空腹の極みに留まられ、十字架から自らを救うために飛び降りることなく、試みと悪のすさまじさに身を晒して死を死に切り、新しい命の道を拓いてくださったからなのです。

「我らをこころみにあわせず、悪より救い出したまえ」と祈る度に、私たちはこの贖い主であり、慰め主であり、復活の主にまみえるのです。

国とちからと栄えとは　限りなくなんじのものなればなり。アーメン。

「国とちからと栄えとは　限りなくなんじのものなればなり」。いわばこれは賛美であって、私たちが通常考える祈りではないようにも感じられるかもしれません。けれどもイエス・キリストは、そして聖書は、この最後の頂点にある賛美を祈りとしてささげることを教えているのです。

賛美も祈り。これは旧約聖書の詩編が教えていることでもあります。聖書は祈りを詩にして神にささげてまいりました。それが詩編という形にまとめられていると考えてもよいでしょう。私が仕える教会では、毎週の礼拝では、交読文によって詩編を司式者と会衆で交互に読み交わしていますが、それは教会にいるすべての人たちが声を合わせて神に祈りを、詩編に託して、ささげているものなのです。例えば詩編130編は、いわゆる嘆きの詩編、あるいは「救いを求める個人の祈り」（J・L・メイズ『現代聖書注解　詩編』左近豊訳、日本キリスト教団出版局、二〇〇二）と呼ばれる詩です。そしてイースターの前の期間、レントの時期には特に自らの罪を悔いてささげられる「七つの悔悛（悔い改め、懺悔）の詩編」（6編、32編、38編、51編、102編、130編、143編）の一つとしてよく用いられるものでもあります。この130編について、宗教改革者ルターは「聖書の正しい師であり先生」と呼び、ジョン・ウェスレーは回心を経験する直前の午後にこの詩編が歌われていたのを聞いたとも言われます。この詩編は人生が「深い淵」の危うさのただ中にあること、あるいは私たちが「深い淵」の中を生きざるを得ない者とされていることに目を向けます。苦しみに沈み込んでしまうこと、底なしの悩みの大水に飲み込まれ、吸い込まれ、希望の光や命の躍動は失せて死によって力を奪われている状態、それが「深い淵」の認識と言えるでしょう。それは本来あるべき生き方を見失った状態、的をはずした歩みという意味での罪と結びついています。私たちに代わって、その深き闇の淵から嘆き祈る声に導かれるようにして、私たちもまた深い淵の底から神に呼ばわり、嘆き祈る声を上げることへと招かれるのです。

そこで出会う神は、赦しと贖いの神だと詩人は証しします。人間の罪を監視してすべてを心に留めるような方だとしたら、誰が耐えうるか、誰にも望みはないのです。たとえ信仰深く、誠実な正しい人とされるような人であっても、例外ではありません。もし仮にそういう人だけを心に留められるような神ならば、誰も生き延びることはできないし、喜びも平安もない、誤った義しさを振りかざした律法主義と裁き合いが横行するような息の詰まる、まさにその場が「深い淵」となってしまうことでしょう。正しいと認められるような者は、一人としていない、と悔い改めの詩編の一つである143編が証しする通りです（14・3も）。むしろこの130編が知っているのは、監視する神ではなく、赦しの神です。「赦しはあなたのもとにある」ことを知っているのです。慈しみの神です。「慈しみが主のもとにある」ことを知っているのです。贖いの神です。「豊かな贖いも主のもとにある」ことを知っているのです。旧約聖書も新約聖書も変わることなく証しする神は、イエス・キリストを通して啓示される「赦し」と「慈しみ」と「贖い」の神であって、罪をすべて心に留めて数え挙げるような神ではない、むしろ「すべての罪から贖ってくださる」神だ、そのように詩編130編は証ししているのです。だから「わたしの魂は主を待ち望みます　見張りが朝を待つにもまして　見張りが朝を待つにもまして」と。夜の間、漆黒の闇に目を凝らしてまどろむことなく警戒を解かない見張りにとって、朝の訪れは待ち遠しい解放の時です。闇が光によって破られ、漆黒の闇の中に敵を察知する必要がなくなる朝を渇望する夜警にもまして、主を待ち望む魂の渇き。ここで「待つ」と訳されている言葉は「心に留める」とも訳すことができるもので、罪をすべて「心に留める」ことのない神に「心を留め」「待つ」のだ、と歌うのです。祈りは、望んでいる事柄を確信し、未だ見ていない事実を待望しながら確認することへと導きます（ヘブライ11・1）。ある人は「主を待つことは、預言者の救いの言葉や神の慈しみの約束を必要とする、苦しみの時に属していること」「これは、未だ起こっていない確かなことの内に、力と勇気を見出すような信頼のこと」だとも語っています（J・L・メイズ）。

旧約詩編の嘆きにある「深い淵」から贖い出されることを遥かに望み見る祈りのその先に、私たちは「赦し」と「慈しみ」と「贖い」の神を身をもって体現され、人となられた神、イエス・キリストを見ることになります。新約聖書フィリピの信徒への手紙2章6節以下は教会が大事にしていた賛歌から引用された言葉とも考えられていますが、そこで「キリストは、神の身分でありながら、神と等しい者であることに固執しようとは思わず、かえって自分を無にして、僕の身分になり、人間と同じ者になられました。人間の姿で現れ、へりくだって、死に至るまで、それも十字架の死に至るまで従順でした」と歌われているのは、旧約詩編の祈りに呼応して響き合うのです。旧約詩編の通奏低音にキリスト賛歌が重なって豊かな和音を醸すようにしてキリストを証しするのです。

さらにこの響きに新たな旋律が加わるのを聴く思いで詩編113編を紐解いてみましょう。この詩編は「ハレルヤ」で始まり、「ハレルヤ」で終わる、正に賛美の中の賛美ですが、「賛美せよ」との呼びかけが重ねられます。そして4節以下で「主はすべての国を超えて高くいまし主の栄光は天を超えて輝く。わたしたちの神、主に並ぶものがあろうか。主は御座を高く置きなお、低く下って天と地を御覧になる」と歌いあげます。この6節については、訳し方によっては「御座を高きに置きながら、主はご自身を投げ捨てて天と地とを顧みられる」とも訳せるのです（『だれも奪えぬ自由　左近淑説教集』教文館、一九九二、97頁）。「聖書の神は、ご自身を投げ捨てて低きに下る神である」（同）、と。ここに旧約詩編の賛歌と新約聖書のキリスト賛歌のハーモニーを聴くことができます。

さらに詩編113編は続けます。ご自分を投げ捨てて低きに下られた神の行く先は、「弱い者」「乏しい者」「子のない女」のもとだと。神の身分を捨てて人となられたキリストが向かわれたのは、弱い者、乏しい者、社会の周縁になど生きたくないのに生きざるをえなかった人、様々な障がいのために疎外されていた人、子を持たない母、「わが神、わが神、なぜわたしをお見捨てになったのですか」という叫びと祈りを振り絞る者たちの間でありました。その極みにへりくだって、死に至るまで、それも十字架の死に至るまで徹底的に深い淵に身を沈められたキリスト。そのキリストを「高く上げ、あらゆる名にまさる名をお与えになる」神の御業がもたらすのは、「弱い者を塵の中から起こし 乏しい者を芥の中から高く挙げ……子のない女を家に返し 子を持つ母の喜びを与え」る神に対する、深い淵から静かに、けれども確かに一つ、また一つと湧き上がる「ハレルヤ」（アン・ウィームズ、本書95頁以下参照）との賛美であったことを詩編、そしてフィリピの信徒への手紙は証ししているのです。

全部で一五〇編ある「詩編」の祈りの最後、詩編150編は、ハレルヤのコーラス、大合唱で閉じられます。聖なる礼拝の場ではもちろんのこと、大空の砦、すなわち天蓋の上で、宇宙全体に響き渡るように、ありとあらゆる楽器と踊りのリズムと演奏、音楽に乗せて賛美される。力強い御業のゆえ、創造の御業と救いの御業のゆえに。詩編の祈りを通して私たちは、旧約聖書と新約聖書を貫いて、自らを投げ捨てて低きに下り、神の身分に固執することなく、へりくだって、深い淵、それも十字架の死に至るまで、すなわち完全に死を死に切って、陰府にまで下られ、絶望の淵、死の陰の谷にまで赴かれ、神いまさず、命の息吹の取り去られた漆黒の闇の中にまで低く下られた神と出会うのです。徹底的に低きに下られた神ゆえに、闇に光が、絶望に灯が、死の陰に命の息吹が、沈黙に賛美が、一つ、また一つと湧き上がり、祈りが賛美となって閉じられるのを私たちは聴くのです。

イエス・キリストが教えてくださった「主の祈り」も、最後に賛美となり、「国とちからと栄えとは　限りなくなんじのものなればなり」と祈って閉じられるのは、この祈りを通して救い主と出会う喜びに相応しく、そして旧約詩編と新約のキリスト賛歌に証しされている祈りと見事に響き合うものです。祈りで病気が治るとかではなくて、「祈ること自体が救い」。主の祈りを通して低きに下る神との出会いに招かれている喜びを味わうのです。

おわりに

「はじめに」で、祈りに内心の不安と恐れと葛藤を覚えて右往左往する人の姿を他人事のように描きましたが、それは私自身の姿なのです。通っていた教会の祈祷会でも、神学校のクラス別祈祷会でも、夏期伝道先の諸集会の祈りの場面でも、勤めていた大学の学科や学部教授会の開会祈祷でも、そして遣わされた教会での数え切れないほどの祈りの時にも、密かにいつも祈れないことに打ちのめされてきました。

祈りと聞いて構えてしまう、そんな私にとって、嘆きの詩編や哀歌が研究対象から転じて私自身の祈りとなるような、ヨブの苦悶にわずかでも想像が及ぶに至る逆風吹きすさぶ中にたたずむこと余儀なくされる経験が与えられました。それらを通して、歩きながら上を向いては呻き、歯を食いしばって言葉にならない沈黙の叫びをあげ、胸掻き裂かれるような無情ににじむ空を見上げて魂が内に捻転する痛みに耐えがたく七転八倒する中で、本書第一部で見てまいりましたように、格闘する祈り、愛し誇りとする子を失わねばならないアブラハムの噛み殺した祈りが刻まれた一挙手一投足、支離滅裂に断片化されたとりとめのない哀歌詩人の嘆き、答えなき闇の虚空に響く詩人の祈り、汗を血のように滴らせて注ぎ出された主イエスの祈り……聖書に息づく信仰の先達、そして救い主の息吹に導かれてまいりました。窒息し干からびかけていた魂がかすかに、けれども確かに、聖書の祈りの向かう先から放蕩息子に駆け寄る父のようにして、嵐の中からヨブに語られる神をおぼろげに望み見る希望を与えられて生き延びてきました。

崩れ落ちた世界のただ中にあって「祈ることそれ自体が救い」であることを、絶望を抱えてなお希望に生きる信仰の先達の後ろ姿に見る者とされてきました。「苦難の臨みし説明は与えられざれど、大痛苦の中にありて遂に神御自身に接することが出来、そして神に接すると共にすべての懊悩痛恨を脱して大歓喜の状態に入るのである。……そしてただ不思議なる歓喜の中に、すべてが光を以て輝くのを見るのみである」（『ヨブ記講演』岩波文庫、二〇一四、14頁）と語った内村鑑三のまなざしの先にあったものを遥かに仰ぐ者とされてきました。

祈りとは神にまみえる生活全般であることを教えられてきました。広い意味では、信仰者の生き方そのものでもあるように思うのです。信仰生活即祈りだと。目を閉じ手を組んで頭を垂れる時だけでなく、与えられた地上の生を刻むそのこと自体が祈りだと。逆に、私たちの与えられた生命は祈りによって形作られるとも言えると思うのです。祈り即生命だと。神の息をいただいて人は生きるようになり、主に息吹きかけられて新しい生命の希望に生きる者とされた信仰者にとって、魂の維持に不可欠な呼吸こそ祈りなのだと。そして私たちの外から臨む聖書の祈りに学び、噛みしめ、身につけ、ついに血肉とする時、私たちの外なる人は滅びても、内なる人は日々新たにされ、主と再びまみえる日に、御前に立つにふさわしい者とされ（聖化され）てゆくことをも教えられてきました。信仰共同体の歴史を貫く聖霊によって導かれてきた祈りを通して救い主に出会い、聖書に息づく祈りを通して聖なるものへと変えられてゆき、浮世に溺れず、浮世離れせず、キリストを着る信仰者、「地の塩」、「世の光」、「キリストの香り」であることの自覚いよいよ堅くされる歩みへと招き入れられていることも。

私が伝道者として召されるきっかけとなった父は、改めて思い起こしてみるならば、そのような聖書の祈りに生かされ、一人の信仰者の祈りの生涯を、少なくとも私たち家族に、証しして去っていったように思うのです。かつて月刊誌『信徒の友』に「親の背中」というシリーズがあり、その際に依頼された文を一部修正して転載いたします（二〇〇九年十一月号掲載）。

大きく思えていた背中の、その肩越しから、父（左近淑）が前のものに向かってからだを伸ばしつつ、ひた走る先に目指していた目標が見え隠れし始めた一九九〇年の秋、主の復活に与る再会の時に希望を託して、父は地上でのレースを終え、去ってゆきました。その後、私を含めて四人の子どもたちは、おのおの米国で生物物理学の研究を生業とし、チャプレンとして伝道と教育にあたり、建築士となって都市設計に携わり、喪失体験をした子どもと共に生きるセラピストとなってドイツに滞在しながら、それぞれの馳せ場をひた走っています。

最後の一人が信仰告白し、子どもたち全員が教会の信仰に連ねられた日、父は「親の務めの大半はこれで終わった」と嬉しそうにしていました。激しいくも膜下出血の発作が父を襲ったのは、そのわずか半年後のことでした。伝道者、旧約学者、そして神学教師として、熱情あふれる神を証しする仕事を後進に委ね、務めていた東京神学大学学長の任期も半年残して、父は世を去りました。五十九歳でした。

一九三一年に横浜で生まれた父は、日本画家であった父親を通して芸術に親しみ、仏の道を重んじる空気の中で育まれ、戦時教育に培われた一途な軍国少年の側面も持っていました。それが太平洋戦争末期の横浜空襲で住まいも学び舎も父の絵も焼失し、尊く美しいと信じてきた全てが灰となった敗戦を迎えた時、精神と魂と肉体に敗北と破れと渇きを抱きしめて過ごすしかありませんでした。ある日、かつて通っていた幼稚園に隣接した横浜明星教会の門口へと足が向きます。そこであと一歩が踏み出せずに逡巡しながら門の前を行きつ戻りつしていた時、牧師館の窓からその様子を見ていた川又昇氏に声をかけられて全てが変わり始めました。「木下くん（旧姓）じゃないか！？　久しぶりだねぇ、入っておいでよ」。それ以来、乾いた砂が水を吸うかのように御言葉を吸収し、受洗へ。そして洗礼は直ちに献身、神学校に入ること！　とばかりに伝道者へと一直線に召されたのでした。受験資格（受洗後一年）に満たないままに日本基督教神学専門学校（現東京神学大学）を受験し、半年は仮入学の身分でした。卒業後は伝道師として教会に仕え、ユニオン神学校（ニューヨーク）で旧約聖書を研究する機会が与えられます。十戒の研究で学位を取得して帰国し、母校の東京神学大学で牧師養成に携わることとなりました。恩師であった左近義慈（よししげ）の娘・和子と結婚し、三男一女に恵まれたのでした。

子どもたちの誕生日は父の晴れ舞台でした。希望するケーキの形をリクエストすると、母が焼いた生地を、望みどおり（ロケット、豪華客船、象やキリンなど）に切り抜き、クリーム、色とりどりの製菓材料を駆使して一心不乱に一時間以上かけてデコレーションしてくれました。母の誕生日にはこだわりの特製オムレツを丹誠込めて一つ一つ焼いてくれました。クリスマスには協力牧師を務めていた阿佐ヶ谷教会のイヴ礼拝に行くのが常でした。嬉しそうに大声で讃美歌を歌う父は、まるで神の箱の前で踊るダビデの姿を髣髴させるように、はじけていました。

何をするにも言うにも、誰に対しても真剣そのものでした。笑う時にも怒る時にも、ほめる時にも叱る時にも、遊ぶ時にも休む時にも、嘆く時も喜ぶ時も、いい加減ではなかった。そこまでしたら身が持たないよ、と人の目には十分と映る程度で妥協することを決して自らに許さず、それよりも遥かに適当なところで、弱さに甘えて手を抜こうとする私たちを顔を真っ赤にして叱りました。その姿を通して、私たちは、寝ている時も起きている時も、常に神から受けた恵みを無駄にせず、御前を畏れと望みをもって歩んだ神の民に継承されてきた信仰を見たように思います。旧新約聖書、そして教会の歴史を貫いて証しされる神が今、この破れ多き世界のただ中に生きて語りかけておられることに突き動かされ、全力でひた走った証し人の生涯に倣うものでありたいと願っています。

私は自分のものではなかった祈りによって育まれ、自らの内からは出てこない祈りによって養われ、救い出され、生かされてきたことに感謝しています。その最たるものが本書第二部で取り上げた「主の祈り」です。この祈りは主イエス・キリストの祈りです。本来私たちのものではない。けれども主イエスが神の身分でありながらもそこに固執されずに低きに下って受肉され、この祈りを私たちの祈りとするために私たちと同じ姿となられ、しかも罪なきその身を裂かれ血を流し死なれ、的を外して罪にさまよう私たちの贖いとなられ、生けるものの地からも隔絶された神いまさぬ陰府にまで下って、そこをも「インマヌエル」、神いますところに転じられ、驚くべきことに、絶望の極みなる死を絞め殺し陰府を引き裂いて、終わりに終わりを告げ、絶望に終止符を打って復活の朝日の中に私たちを招き入れてくださり、新しい生命の揺るがぬ礎となってくださった。その福音の極みへとひと足、またひと足、先立ちゆく主の一つ一つの言葉を通して、この主の栄光を映し出しながら、栄光から栄光へと、主と同じ姿に造りかえられてゆく（Ⅱコリント3・18）ための「祈り」として教えてくださったのです。

「祈り」は招きです。救い主なる神に出会う時と場へと。祈りは格闘です。熱情の神の愛に打たれて造り変えられる……。3・11以降の世界の崩壊のただ中にあって教会に与えられている「祈り」は、滅びの危機に深く魂の礎を抉られておりながらも、セピア色に彩られた幻想の彼方の失われた古き良き故郷を求めるバビロン捕囚の民に対して預言者たちが語った、終わりにこそある「新しい天と地」の約束へと眼を転じさせ、捕囚の憂き目、そして死の縄目から解き放たれた民の凱旋行進の先頭を進みゆかれる主へと、そしてこの主の勝ちて余りある勝利に至る格闘へと召されてきた聖書の民の祈りに連なるものです。そしてこの神の民の列のしんがりをゆく私たちも、現代の「バビロン捕囚」を生き延びる「祈り」へと召されているのです。

読書案内

手元にあるいくつかの「祈り」の書を紹介いたします。もちろん網羅的ではなく、絶版になっている良書や触れられるべき必読の書、祈りがタイトルになくとも、書それ自体が祈りそのもののような卓越した書物もこの他に多くあります。慰められ、背筋を正され、叱咤され、導きとなるものも数多いのです。ただ、本書のテーマである聖書に根差した祈り、そして入手しやすいものに絞りました。

「祈り」について

J・カルヴァン『祈りについて——神との対話』（I・J・ヘッセリンク編・解説、秋山徹・渡辺信夫訳、新教出版社、二〇〇九）は、祈りを神学的筋道をもって考えたい時の手引きです。元東京神学大学教授であり、ウェスタン神学校校長も務められたヘッセリンク先生が、カルヴァンの祈りの思想についてわかりやすく、かつ心震わせられる解説をしておられます。

P・T・フォーサイス『祈りのこころ』（大宮溥訳、一麦出版社、二〇〇八）は、雄大でありながら繊細に、緻密でありながら大胆にキリスト教的な祈りの世界を描きだしています。読み進めるうちに祈りのともしびがいつしか内に熱く燃え上がり始めるのを感じることでしょう。

加藤常昭『黙想と祈りの手引き』（キリスト新聞社、二〇〇六）は加藤先生の黙想と祈りを通して見えてくる祈りの道筋を、語り言葉で辿ります。『祈り』（日本キリスト教団出版局、二〇〇二）は、聖書の言葉を源泉として溢れ出た祈りの言葉。聖書の前方に広がる祈りの世界がここにあります。他に『祈りへの道』（教文館、一九八七）、『み言葉の放つ光に生かされ　一日一章』（日本キリスト教団出版局、二〇〇〇）も。

「聖書的祈り」について

W・ブルッゲマン『詩編を祈る』（吉村和雄訳、日本キリスト教団出版局、二〇一五）は、詩編を紐解いて、聖書を糧とする信仰者の祈りの本質を浮き彫りにしながら、聖書に根差した祈りの熱情を伝えます。目から鱗が落ちる祈りの入門書です。

髙橋重幸『詩編を祈る』（中央出版社、一九七九）は、聖書学の厳密な解釈の土台と深遠な霊的生活に根差した祈りの手引きです。本書でも紹介した『憩いの水のほとりに――詩編23の黙想』（オリエンス宗教研究所、二〇一三）と共に紙上での聖書研究祈祷会として祈りへと導かれます。

大島力『聖書の中の祈り』（日本キリスト教団出版局、二〇一六）は旧新約聖書から一二の祈りを巡ってなされた説教が元になっており、それぞれの冒頭で紹介される小説やエッセイに引き付けられながら、いつしか聖書の祈りの世界へと導き入れられます。

大串元亮『旧約の祈り・新約の祈り』（教文館、一九八八）は、旧約聖書の代表的な人物たちの祈り、そして新約は主の祈りを取り上げて、聖書を貫く「祈り」の通奏低音を響かせます。

大木英夫『主の祈り』（聖学院大学出版会、一九九五）は、戦後を代表する神学者・牧師の一人である大木先生の説教集。その洞察の深みと発想の広がりに、祈りは解き放たれます。

及川信『主の祈り　説教と黙想』（一麦出版社、二〇一五）は、現代が突きつける問いに真正面から答える御言葉の力に圧倒されつつなされた激しい魂の格闘を通して紡ぎ出された黙想と説教です。

「聖書の前方に広がる祈り」について

平野克己編『祈りのともしび――２０００年の信仰者の祈りに学ぶ』（日本キリスト教団出版局、二〇一五）は、古今東西多くの人に影響を与えた信仰の先達たちの祈りが散りばめられています。

V・ズンデル編『祈りの花束――聖書から現代までのキリスト者の祈り』（中村妙子訳、新教出版社、一九八七）もキリスト教の歴史に刻まれた祈りを信仰者の紹介と共に編んだ祈りの集成と言えます。

C・L・マンシュレック編『改革者の祈り』（平井清訳、新教出版社、一九五九）には宗教改革者たちの祈りが、様々な機会毎に（食卓の祈り、悩み苦しみの時の祈り、臨終の祈り……など）編み合わせられています。

キェルケゴール『神への思い　祈りと断章』（倉松功編訳、新教出版社、一九五八）は、哲学者、そして信仰の格闘者である著者の神に食らいつくような熱情の祈りの数々に圧倒されます。

J・カーデン編『世界を結ぶ祈り　I・II』（小塩トシ子・深田未来生監訳、日本キリスト教団出版局、一九九二）は、洋の東西南北を問わず、世界各地でささげられている祈りを各国の紹介とともに刻んでいます。キリストの体の隅々にいきわたる神の息吹を味わうことができます。

「日々の祈り」について

E・H・ピーターソン『詩編とともに祈る365日』（船本弘毅・比企敦子訳、日本キリスト教団出版局、二〇〇五）は、詩編の一句に数行の奨励が添えられ、御言葉から湧き出す短い祈りが刻まれています。一日に半頁ずつ割り振られています。

辻宣道『その時の祈り』（日本キリスト教団出版局、一九八八）はそのタイトル通り、四季折々、一週間各曜日の朝夕、生活の一コマ一コマ（受験合否、就職成否、夫婦喧嘩、ペットロス、闘病、臨終……など）での祈りが収められており、手元に置いて祈りの手引きとなります。

越川弘英編『わたしたちの祈り50』（日本キリスト教団出版局、二〇〇八）も週毎、一年の暦の中で、また喜びの時、慰めの時など時宜に応じた祈りが紹介されています。

あとがき

この書物の依頼を受けて以来、他教派も含むいくつもの教区の諸集会、また研修会、ＦＥＢＣやＮＨＫラジオ、そして広島、長崎、東北をはじめとして首都圏、愛知、大阪、富山の諸教会に用いていただいて、聖書の祈りについて考える時を与えられてまいりました。ですからそれぞれの機会にお話しし、フィードバックをいただきながら推敲、思索してきたことがここに反映されています。なかでも日本福音ルーテル社団主催の「リラ・プレカリア」のディレクターであるキャロル・サック宣教師とその教え子の皆さんとは、二〇〇八年以来一年おきに旧約詩編の祈りについての学びを共にしてまいりました。また本書の第一部は、二〇一五年度に日本基督教団東京教区西南支区の信徒研修会で三回にわたって祈りについて語る機会を与えられ、これまでのまとめとしてお話ししたものに手を入れたものです。多くの方々の忍耐とお支えと問いをいただいてきましたことを改めて感謝いたします。

そして二〇一四年春に御旨によって遣わされ、文字通り祈られ、愛され、支えられ、毎週礼拝で御言葉を共に味わう幸いを与えられ、神様が生きて働いておられることをこの三年間絶えず目の当たりにさせていただいている美竹（みたけ）教会（東京・渋谷）に、言い尽くせない感謝をしています。本書の第二部は美竹教会の礼拝者の皆さんとの共著とも言えます。

日本キリスト教団出版局の編集に携わっておられるお一人お一人に、遅筆をお詫びするとともに、この書を依頼してくださった深い配慮を感謝いたします。試練に共に涙し、希望に共に喜んでくださり、いつも適度な緊張感を緩めず、厳密かつ暖かく執筆者を励ましてくださる編集者土肥研一氏の教会への愛に突き動かされてきました。

私には何人かの祈りの導き手がおられます。祈り失ってただうつろであった四半世紀前、親しき者の死の床の傍らで、御心を問いながら泣きじゃくり激しく神に詰め寄り祈られたO先生。通り一遍の言葉を用いることなく旧約預言者のごとくに、生命の礎を揺さぶり糾し慰める生ける熱情の神にまみえる祈りを導かれたB教授。そしてこの一〇年の間、筆舌しがたいほどに終わりなき葛藤を抱えた愛する者の苦闘の傍らで、「今、あなたは祈れないでしょう。私が代わって祈ります」と、秘められた祈りをもって切に神に詰め寄ってくださったH先生。そして迷いくずおれ高ぶり沈む私の傍らでたゆむことなく一挙手一投足が祈りそのものであり続ける妻。これらの方々の祈りによって今あるを得ていることを感謝しています。

二〇一六年九月七日

左近　豊

左近　豊（さこん　とむ）

1968年生まれ。東京神学大学大学院修士課程修了、横浜指路教会副牧師を経て留学。コロンビア神学大学院修士課程修了（Th.M）、プリンストン神学大学院博士課程修了（Ph.D）。日本基督教団美竹教会牧師、青山学院大学国際政治経済学部教授、同学部宗教主任。

著書：*Fire Sent from Above: Reading Lamentations in the Shadow of Hiroshima/Nagasaki*

共著：*Imagination, Ideology, and Inspiration: Echoes of Brueggemann in a New Generation* (Sheffield Phoenix)、『3.11以降の世界と聖書　言葉の回復をめぐって』（日本キリスト教団出版局）、『スピリチュアルケアの実現に向けて』、『永遠の言葉』（聖学院大学出版会）。

訳書：現代聖書注解『詩編』、現代聖書注解『哀歌』、『聖書は語りかける』、『旧約聖書神学用語辞典　響き合う信仰』（監訳）（いずれも日本キリスト教団出版局）。

左近　豊

信仰生活の手引き　**祈り**

2016年10月15日　初版発行

2018年 4 月20日　再版発行

発行　日本キリスト教団出版局
169-0051
東京都新宿区西早稲田2丁目3の18
電話・営業：03（3204）0422
編集：03（3204）0424
http://bp-uccj.jp

印刷・製本　文唱堂印刷

ISBN978-4-8184-0816-6 C0016　日キ販
Printed in Japan